总体国家安全观系列丛书

舆论与国家安全

Public Opinion and National Security

总体国家安全观研究中心
中国现代国际关系研究院 著

时事出版社
北京

主　编

黄　放

副主编

李　峥

撰稿人

邵薪羽　胡　瑶　韩亚峰

王苏舆　陈晓阳　慕阳子

郑文杰　宋颖慧　杨　霄

叶天乐

总体国家安全观
系列丛书

《舆论与国家安全》
分册

总　序

总序

2024年是习近平总书记创造性地提出总体国家安全观十周年，2025年是全民国家安全教育日设立的第十个年头，也是《中华人民共和国国家安全法》颁布施行十周年。总体国家安全观研究中心用两年时间在前两辑基础上推出了“总体国家安全观系列丛书”的第三辑。

“春华秋实，十年有成。”总体国家安全观的创立，使我们党和国家首次有了自己的国家安全指导思想，为新时代国家安全工作提供了强大思想武器。在总体国家安全观指导下，我国十年来不断健全国家安全体系，增强维护国家安全能力，提高公共安全治理水平，完善社会治理体系，战胜了一系列国家安全风险和挑战，巩固夯实了国家安全基础，实现了高质量发展和高水平安全的良性互动，有力护航了中国式现代化建设进程。国家安全事业开创了新局面，取得了历史性伟大成就，走出了一条有中国特色的国家安全道路。

但是，也要清醒地看到，今天的世界越来越不太平了。俄乌冲突硝烟难去，巴以冲突制造了人类新悲剧，大国关系失衡失稳的风险明显加剧，世界局势因此更乱而非更稳了。世界之变、时代之变、历史之变以前所未有的方式加速展开，人类又一次站在何去何从的十字路口。对我国而言，这意味着外部环境的复杂性、严峻性、不确定性明显上升，维护国家安全的任务更重了。维护国家安全，除党政部门要承担主责主业外，更需要全民全社会的理解、支持和参与，所以普及国家安全知识就成为一项常做常新的重要工作。

“二年长枝叶，三年桃有花，四年果盈枝。”总体国家安全观研究中心成立迄今已四年。这四年来，在领导的关怀和相关部门支持下，中心始终坚持总体国家安全观的“理论高地”“宣传阵地”“人才基地”定位，统筹推进国家安全理论研究、战略研究和思想宣传。尤其依托中心秘书处所在的中国现代国际关系研究院，发挥“国家安全学”一级学科和《国家安全研究》双月刊作用，持续推进国家安全研究工作，努力引领中国国家安全理论和战略研究，不断加大国家安全理论和知识的普及工作力度。

为能让“国家安全”这一在过去主要由政治家和战略家操心的“堂前燕”尽快飞入“寻常百姓家”，我们在2021年推出了丛书的第一辑:《地理与国家安全》《历史与国家安全》《文化与国家安全》《生物与国家安全》《大国兴衰与国家安全》《百年变局与国家安全》，通过宏大的视野、厚重的内容、鲜活的语言，成功地把“国家安全”送到了普通读者的面前，并收获了满满的好评。

2022年，在对国家安全领域拓展研究的基础上，我们再接再厉推出了同样热销的第二辑丛书:《人口与国家安全》《气候变化与国家安全》《网络与国家安全》《金融与国家安全》《资源能源与国家安全》《新疆域与国家安全》。这辑丛书主打“尽精微”，从上述六大问题入手，既深入浅出介绍了与日常生活密切相关的国家安全问题，同时还涉及新兴领域问题，使读者对国家安全的认识进一步扩大和深化。

2023年，作为总体国家安全观最新最全的研究成果，我们推出了重磅著作《总体国家安全观透视》，从历史的维度、全球的高度、哲学的深度、实践的力度四大视角，对总体国家安全观进行了全方位深入阐述，同时辅以非常鲜活的历史和现实案例。该书甫一出版就成为很多领导干部的案头书，也是很多普通读者的喜读之书，收获了各界非常良好的反响。

"风雨将春去，清和四月天"，转眼就经历2024年和2025年这样有重大意义的特殊年份。为纪念总体国家安全观创立十周年和第十个全民国家安全教育日，接续推出这套同样是基于最新研究成果、同样是六册、同样是涵盖国内外实践，但聚焦不同领域问题的第三辑"总体国家安全观系列丛书"。

其中，《法治与国家安全》一书，秉持"法者，国仰以安"理念，以"法律是治国之重器"为主线，较全面介绍了法治在古今中外对国家治理、国际博弈和维护国家安全的实践和重大意义。这对我们深刻理解"坚持全面依法治国"和法治与国家安全的关系有重要帮助。

《教育与国家安全》一书，以“教育强则国家强”为主线，既分析了教育与国家富强和国家安全之间的联系，又介绍了当今几个主要国家基于各自实际情况，用教育服务国家建设和国家安全的案例，为我们取长补短提供借鉴。

《军事与国家安全》一书，从包括孙子的“兵者，国之大事”在内的军事战略文化开始，到影响军事手段效能的技术手段和战术思想变革、军事安全的社会属性和时代特征，最后落脚到我国如何通过强军去强国，深入浅出地介绍了军事安全这一国家安全的重要组成部分。

《海外利益与国家安全》一书，针对的是我国已深度融入世界，海外利益遍布全球，“海外中国”快速崛起并成为我国家安全重要组成部分的实际情况，梳理介绍了在不同时代的不同国家，如何看待、拓展和保护海外利益的情况。这对我们认识和维护海外利益具有一定参考价值。

《数据与国家安全》一书，围绕在信息化时代已全方位涉及日常生活、工作和学习，以及几乎所有国家的政治、经济、军事等各领域的“数据”这一关键要素，全景式介绍了与数据相关的国家安全和国际博弈问题，以及当下主要国家和地区就构建数据安全、主导权甚至霸权展开的战略布局和具体做法。

《舆论与国家安全》一书，针对的是在当今国际政治中“假消息”横行、“认知战”泛滥的现实，从解构“何为舆论”入手，从国家安全的视角，基于历史和现实解剖了舆论对国家兴衰、社会治理、国际斗争、大国争霸等的重要作用和影响，强调了维护舆论安全对国家安全的重要性。

时光荏苒，岁月如梭。我们对中国国家安全理论的研究永远在路上，对国家安全理念的推广永远在路上。我们期待这辑丛书能像以往那样，继续获得大家的青睐，同时帮助读者加深对国家安全的认识和理解，继而转化为维护国家安全的自觉行动。最后，让我们携手，共同致力于维护国家安全，共同致力于实现中国式现代化这一奋斗蓝图。国安，天下安！

是为序。

总体国家安全观研究中心
中国现代国际关系研究院

前 言

"纤笔一枝谁与似？三千毛瑟精兵。"

1936年，毛泽东同志以电报的方式将一首《临江仙·给丁玲同志》发给随红一方面军赴三原途中的革命女作家丁玲，盛赞她手中的一支纤笔能够敌得过三千配备武器的精兵。

毛泽东在这里点出了一个命题——优秀的文艺作品、好的新闻舆论具有独特的魅力和强大的魔力，不仅能使丁玲这样的"文小姐"变成"武将军"，而且可以成为打击敌人、出奇制胜的利器。

其实，从青年时代创办《湘江评论》开始，毛泽东本人一直就是善用舆论的"高人"。尤其在革命战争年代，他更是一面指挥千军万马驰骋沙场，一面指导对敌发动舆论攻势，并且亲自上阵撰写重要社论、新闻报道。《别了，司徒雷登》《将革命进行到底》《丢掉幻想，准备斗争》《人民解放军百万大军横渡长江》等名篇佳作脍炙人口，成为我党在革命战争年代克敌制胜的法宝之一。

舆论历来是影响社会发展的重要力量，它既有客观性，那就是民众自发地对某个人、某件事形成意见或态度，进而产生共鸣，借此影响政策；也有主观性，即舆论是可以被塑造、被利用的。其中的关键就在于谁占领舆论高地，谁掌握舆论话语。文化思想舆论阵地，“你不占领就被别人占领”。从这个意义上说，舆论确实关乎国家安全、民族兴亡。

战争年代如此，和平年代更是如此。战争年代尚且有枪炮的力量抵挡敌人的进攻，而和平年代“思想舆论阵地一旦被突破，其他防线就很难守住”。对于和平年代舆论如何发挥作用、发挥怎样的作用，习近平总书记曾用48个字高度概括：“高举旗帜、引领导向，围绕中心、服务大局，团结人民、鼓舞士气，成风化人、凝心聚力，澄清谬误、明辨是非，联接中外、沟通世界。”总之，舆论导向正确，就能凝聚人心、汇聚力量，推动事业发展；舆论导向错误，就会动摇人心、瓦解斗志，危害党和人民事业。

苏联亡党亡国，不是倒在枪炮下，而是垮在思想、意识形态、舆论混乱中……苏联历史研究者大多认为，戈尔巴乔夫的“新思维”虽不一定是苏联崩溃的罪魁祸首，但至少起到了推波助澜的巨大负面作用。美国维系霸权，除了靠美军、美元，也靠思想战、文化战、舆论战。美国要打击对手，往往先是炮制借口给目标对象扣上“失败国家”“流氓国家”“威权国家”等帽子，然后开动舆论机器反复渲染炒作，随即经济制裁、长臂管辖跟进，最后甚至发动军事战争实现打击目标。正如本书最后一章写道的：“太多的过往让我们清楚地看到，舆论不正，便淫风恶雨交相激摧，民众浸淫其中，必成乌合之众。没有了舆论的正态，就无法维持整个政治体系和社会秩序的持续向好发展，国家也随之樯橹灰飞烟灭。”

尤其在当今网络和数字化时代，舆论已远非当年一传十、十传百，口口相传的效应了，往往是一传百万千万，瞬间上亿点击量。而随着人工智能和深度伪造技术的发展，舆论场上真假难辨、敌友难分渐成常态；ChatGPT 的出现，更使舆论场呈现虚拟化、拟人化趋势。可见，人类在推动科技进步的同时，飞速发展的新技术也对世界构成了新挑战。习近平总书记就此强调，“在互联网这个战场上，我们能否顶得住、打得赢，直接关系到我国意识形态安全和政权安全”。

《舆论与国家安全》一书不重在探讨舆论本身，而聚焦于舆论与国家安全之间的关系和关联，试图从历史的视野、全球的视域、中国的视角，分析舆论之于国家安全的意义，从而为全面把握总体国家安全观增加一个截面。本书讲到了苏联何以解体，美国如何制造舆论，法国、智利骚乱不断的舆论根源，俄乌冲突中的舆论战，日本、新加坡等国如何在舆论场“以小博大”，大数据、元宇宙时代下的新舆论……笔者的目的，是想透过光怪陆离的舆论场，总结各方的经验教训，为新时代我们如何讲好中国故事、如何塑造中国形象、如何扩展中国影响提供镜鉴。

《舆论与国家安全》课题组

目　录

9

以舆论之正护国家安全

1

第一章

何为舆论

若将历史视作一条长河，舆论可能是其奔涌向前时激起的无数浪花与水鸣，它们起伏消长，与人类命运相伴相生，记录、反馈着人间百态。

追溯亿万年前，我们的祖先手持火把走出森林，他们构建起群居社会，在漫长的进化中学会使用声音、图像来阐述生活经验、神明信仰、功过好恶，从口口相传到刻于石壁，这些不成熟、零星的声像成为了舆论的早期雏形，在漫长演进中成为生存圭臬并对人类命运产生深远影响。纵览华夏文明，具名或不具名的个体或群体，用庙堂之高或江湖之远的争鸣齐放，汗青宣纸上的笔走龙蛇，风、雅、颂至诗词歌赋，再至白话文的天马行空，在不同的历史时期引领一波又一波的舆论风向，将其历经淘洗化为民族的精神内核。放眼当今时代，人们面临信息爆炸的同时又不得不提防“信息茧房”带来的封锁，主要大国的舆论话语权之争已不再是“不是东风压倒西风，就是西风压倒东风”的简单比较，传统媒介在技术革新与个体解放的时代轰鸣中走向没落而不得不寻求转型，自媒体一方面赋予“庶民更大的胜算”，另一方面给社会治理带来更大的不确定性，人类的进步需要更多的声音，但愈发纷繁复杂的舆论场又亟需一个主心骨。

许多传播学学者、政论家、社会学家已经就舆论作出过较专业的理论分析。基于这些理论，国家安全视角或许是理解舆论的一个新方向：一方面，理解其概念及产生过程，探索舆论在社会发展与人类进步的进程中呈现哪些具有国家安全特色的特点；另一方面，借助社会运行规律与国家治理思路，从经世致用的层面解析舆论对统筹发展与安全、塑造外部安全环境、引领全球治理等国家安全领域的独特作用，理解舆论安全缘何成为国家安全的重要一环。

拆解舆论

《辞海》将舆论解释为“公众的意见或言论”，《不列颠百科全书》（国际中文版）如此解释舆论：“舆论是公民在某时间与地点，对某行为公开表达的内容，基本趋于一致的信念、意见和态度的总和。它是社会评论的一种，是社会心理的总和。”也就是说，舆论是公众关于现实社会以及社会中的各种现象、问题所表达的信念、态度、意见和情绪表现的总和，且具有相对的一致性、强烈程度和持续性，对社会发展及有关事态的进程产生影响，且其中混杂着理智和非理智的成分。马克思认为，舆论是一般关系的实际的体现和明显的表露。一些中国的传播学学者对舆论也有定义。陈力丹认为，舆论是公众在一定的时间和空间里，对于自身社会利益密切相关的各种公共事务所持有的意见和态度的总和。喻国明认为，舆论是社会或社会群体中对近期发生的、为人们普遍关心的某一争议的社会问题的共同意见。虽然各自表述不同，但概念中都包含着媒介、公众、意见、表达等要素。

“舆论”可以通过拆解来更好地理解。从词源看，舆论即“舆人”（众人，古时代指底层民众）之议，也就是庶民的意见。

现代西方的“舆论”是到18世纪才作为一个词组使用的：1762年，法国启蒙学者卢梭在他的《社会契约论》中首次将“公众”（public）与“意见”（opinion）组成一个概念，即“舆论”（public opinion）。从中、西方的理解角度来看，字面的“舆”和“论”恰好可以鲜明地揭示“舆论”的一些特征与内涵。

“舆”字体现出舆论的大众性。

《三国志·魏书·王朗传》中记载：“设其傲狠，殊无入志，惧彼舆论之未畅者，并怀伊邑。”与舆论相近的“舆情”一词首见于南唐李中诗作：“格论思名士，舆情渴直臣。”卢梭在使用“舆论”一词时也是将“公众”作为其主体。古今中外，舆论仿佛总是与“舆人”，也就是大众联系在一起，而且，或许没有什么社会活动像舆论一样具有这么广泛的参与度和动员力。

舆论属于大众。除非是独居在某个孤岛抑或是山顶洞中的原始人，否则每个个体都不可避免地被裹挟进舆论的漩涡。从大国博弈、集团政治到村口树下的饭后闲谈，从俄乌冲突这样的国家间冲突到应对气候变化这样的全球治理合作，舆论场无处不在、无所不包。我们可以认为，舆论具有很强的大众性，不仅体现于参与者之多，也体现在议题之广泛。但大众作为舆论主体，复杂的人性使舆论的正当性存在争议。一些学者借大众将舆论置于高位，如圣西门将舆论视为“世界的女王”，认为“在任何国家都有一种力量高于政府，这就是舆论的力量”。但也有些学者因为人性的弱点而产生质疑，黑格尔认为，作为舆论主体的人民，只是一群无定形的东西。因此，他们的行动完全是自发的、无理性的、野蛮的、恐怖的，除了一些笼统的话和歪曲的演词以外，不可能指望听到什么别的东西。

舆论影响大众。2003年3月20日，以美英军队为主的联合部队对伊拉克发动军事行动。美国政府为了发动伊拉克战争，配合美军出兵伊拉克，捏造了“伊拉克有大规模杀伤性武器”的所谓证据，设置“正义”出兵议题，制造开战理由，通过美联社公开宣称“已掌握伊拉克制造和存储沙林、梭曼等神经性毒剂的证据”，“伊拉克具备45分钟内向英国发射生化武器的能力”等。美军通过设置大规模杀伤性武器的议题，大肆渲染伊拉克生化武器可能造成的巨大危害，为发动伊拉克战争找借口。而美国国内民众受舆论影响，对自身安全的担忧不断加重，最终在舆论的鼓动影响下选择成为所谓“正义的一方”而投入战争。但一时的舆论鼓动所带来的阵痛更加持续，美国退伍军人事务部发布的《2020全国退伍军人预防自杀年度报告》显示，2005—2018年美国平均每年自杀的退伍军人数在6000人以上，意味着平均每天超过17人，而美国预防自杀组织“勇士伙伴关系”2022年的报告显示，真实数据比这还高40%。其中很多自杀者是源于参与战争的自我怀疑。卢梭在《社会契约论》中称，“在全世界一切民族中，决定人民爱憎取舍的绝不是天性而是舆论”。舆论似皮肤，覆盖着社会的方方面面，包裹着政治、经济、文化、科技、合作、冲突等骨骼血肉、五脏六腑。人的身体出现状况时会发热、不适，舆论也可能在特定的时间、特定的热点领域呈现“发热”等症状，将时代特征鲜明地传递给大众，深刻影响大众对社会、事态的感知。舆论影响认知，认知影响行为与决策，而决策积少成多，就可能对世界大势产生深远影响。

“论”字的内涵十分丰富。

区别于言论，舆论的“论”不在于语言，而在于观点、思想、意识，具有一定的主观性。李普曼在其著作《舆论》一书中用“通向外部世界之路”“外部世界与脑中影响”等概念，阐述了舆论是人对外部环境形成的“脑中影响”及其表达出来的结果，同时提出人们的判断大多是基于客观环境之外的“拟态环境”，且“对舆论的分析必须从厘清三者之间的关系开始，即行动的环境、人们头脑中关于那个环境的图景以及人对于环境中滋生出来的那幅图景做出的反应”。“一千个读者心中有一千个哈姆雷特”，人们对同一客体的认知不尽相同。因此，一个人所感知的世界不一定是真实的世界，其所认可、传播的舆论中所描绘的世界也不一定是真实的世界。舆论并非绝对客观中立，其反映的仅是特定的一部分大众如何认识外部世界。

区别于定论，舆论的“论”因时而变，具有一定的不确定性。李普曼认为，“在宣传的影响下，我们思想中的那些恒久的东西如今也成了变量”。舆论的转向往往具有一些共同特征：影响面广且具有公众性；焦点和矛头指向鲜明；指向会在一定时间内发生巨大的转变，而且转变得非常迅速。虽然作为客观存在的事实本身不会发生反转，但是其传播加工成品舆论作为一种公共性话语，从对事实的选择到对事实的认识，再到对事实的呈现，一系列过程都隐含着传播者的社会立场和态度。种种主观虚构拉开了舆论与真相的距离，一旦各类报道、评论罔顾客观事实，倾向于主观情绪发泄，就极易引发舆论一次或多次反转。加之当下新媒体时代的技术赋权让传播主体更加多元化，增加了信息传递过程中被有意“加工”的风险。而舆论的这种不确定性也将为政府治理增添更多变数。

区别于公论，舆论的“论”因特定群体的共同利益基础而存在，具有一定的逐利性。马克思认为，“报纸是作为社会舆论的纸币流通的”。拉扎斯菲尔德在《人民的选择：选民如何在总统选战中做决定》一书中也提出“社会群体的政治同质性”概念，认为民主投票是一项群体行为，受到了社会阶层、家庭、社会团体等因素的影响。在总统选举中，各方面相同的人倾向于投票给同一个候选人。在工业革命与资本活动的背景下，共同利益愈来愈成为较大范围内的舆论的基础。在古代社会和中世纪，舆论依附于范围较小的共同体，稳定少变，作用有限。工业革命后，因共同利益而形成的舆论一旦被激起，不解决问题是很难将其消退的。如今，外部因素愈来愈容易引起舆论的变化。现代交往把每个人的生活同世界相连，遥远地方发生的事件也会影响人们的切身利益，因而舆论变得十分灵敏，外界的微小变动在一定条件下都可能引起舆论的变化，反过来影响整个事件的进程。特别是在当前，世界局势愈发复杂，美西方国家主导的集团政治愈演愈烈，摒弃公理而以私利形成的小群体主导的偏颇舆论越发聒噪，这为舆论的正本清源制造了更多困难，也为我国外部舆论环境制造了更多威胁。

舆论的“魔力”从何而来

1939 年夏，相较于闷热的天气，笼罩欧洲的战争阴云更令人窒息。一年前，纳粹德国入侵捷克斯洛伐克，而现在，它正对着波兰虎视眈眈。

1939 年 8 月 10 日，《柏林日报》以大字标题发出警告——《当心波兰》，同日《领袖日报》的标题则是《华沙扬言将轰炸但泽——极端疯狂的波兰人发动了令人难以置信的挑衅》。8 月 26 日，《柏林日报》将紧张气氛进一步推升，刊文《波兰完全陷入骚乱之中——日耳曼人家庭在逃亡——波兰军队推进到德国国境边缘》，《十二点钟报》则刊文《这样的玩火行为太过分了——三架德国客机受到波兰人的射击——走廊地带许多日耳曼人农舍成了一片火海》。8月27日，纳粹官方喉舌报《人民观察家报》头版刊文《波兰全境处于战争狂热之中！150万人已经动员！军队源源不断送往边境！上西里西亚陷入混乱》。此条标题足有一寸高，大大的字母扰动着每一个德国民众，使其处于真正的“战争狂热”之中，义无反顾地集合在法西斯的战旗之下。

纳粹德国的舆论造势成果显著，在《柏林日报》提醒德国民众《当心波兰》的21天后，纳粹德国的党卫队自编自导了“波兰入侵”。1939年9月1日，来自德国的百万大军越过了德波边境。

今日再翻看当年的新闻，我们才发现，原来在枪响之前，无声的行动已经在舆论场中悄然展开。兵马未动，粮草先行；粮草未行，声音已至。也许在最开始，《柏林日报》那篇《当心波兰》的报道只是每个德国家庭早餐桌上的谈资，但随着人们的口口相传、政府的煽动鼓噪，加之物价上涨、物资紧缺等现象的侧面印证，信者愈多而疑者不敢言。越来越多的德国人对波兰人的印象变得恶劣。大部分德国人或许在此之前没有和一个波兰人打过交道，但仅仅过了21天，他们却有了足以与之拼个你死我活的家仇国恨，并最终义无反顾地成为了希特勒的战争机器。而这，恰是舆论的“魔力”。

在纳粹德国的此次动员过程中，可以看到声音从小到大的迅猛变化，可以看到政要、媒体一呼百应的号召力，也可以看到民众陷在一种声音中深信不疑、不能自拔的状态，这些似乎都是舆论的“魔力”。但如何解释这种“魔力”，其又从何而来？以至于一篇报道、一段广播甚至一句话就可以蒙蔽民众的双眼、实现全国动员、发起一场战争，甚至在全球掀起巨大的波澜。

“魔力”之一，是“沉默的螺旋”具有“由小化大”的演进能力，能使一种声音愈发占据主流。纳粹德国为了实现入侵波兰的国内动员，通过媒体铺天盖地的虚假报道不断强化民众对波兰可能存在的国家安全威胁的印象，这时其国内的异议者以及中立者愈发不敢去表达自己的意见，并逐渐被激进的主战者说服。伊丽莎白·诺艾尔·诺伊曼曾通过“沉默的螺旋”理论，描绘了舆论对于个人所具有的社会控制作用。该理论最早见于1974年其在《传播学刊》上发表的一篇论文,1980年她通过《沉默的螺旋：舆论——我们的社会皮肤》一书，对该理论进行了全面的概括。该理论基本描述了这样一个现象：人们在表达自己的想法和观点的时候，如果看到自己赞同的观点受到广泛欢迎，就会积极参与进来，这类观点就会被越发大胆地发表和扩散；如果发觉某一观点无人或很少有人理会（有时会被群起而攻之）时，即使自己赞同它，也会保持沉默。意见一方的沉默造成意见另一方的增势，如此循环往复，形成正反馈的优势递增效应，逐渐形成一方的声音越来越强大，另一方越来越沉默的螺旋发展过程。但“沉默的螺旋”并不仅仅意味着“谎言重复了千遍，就变成了真理”，作为社会学中的“自然现象”与天然趋势，该原理其实也反映了舆论在社会这个生态中的“自然选择”。事实上，“沉默的螺旋”只是揭示舆论为何形成且声势愈发浩大的其中一种原因与机制，舆论本身没有对错，决定其对错的是使用者如何使用它，有利于国家安全与社会稳定的声音同样可以在不断的正向强化中逐步成为国家的主流声音。

“魔力”之二，是显赫的“意见领袖”在帮助一种论调吸收更多的信服者的过程中发挥重要作用。纳粹德国在开展国内动员过程中发现，并不是所有民众都有看报纸、听广播的习惯，但他们最终仍有极大可能成为主战派的坚定支持者，在这其中，“意见领袖”（当时德国国内具有极强号召力的个人或组织）发挥了巨大的作用。拉扎斯菲尔德在《人民的选择：选民如何在总统选战中做决定》一书中，提出了“意见领袖”的这一概念。马克思同样注意到统治阶级的领导人物对一般舆论的变化有很大影响，他提出：“社会舆论易于受个别人物突然垮台的影响。”“意见领袖”通常是指在一些领域更受公众信任、更有发言权的人，他们是大众传播中的活跃群体，往往具有影响力与权威性。强大的支持者基数使“意见领袖”具有引导舆论的力量，因而他们容易一呼百应，并排斥不同的声音。好的“意见领袖”可以引导舆论向健康良序发展，并遏制虚假信息等危害性舆论的蔓延。但由于“意见领袖”时常利用煽动性言论引起受众共鸣，所以易引起舆论焦点发生重大变革，由此引发的极端言论压倒理性客观的言论，最终造成种种暴力现象。无独有偶，“意见领袖”现象在当今仍然存在，且借助互联网等媒介的技术加持发挥出越来越大的影响力与号召力：2021 年 1 月 6 日，美国时任总统特朗普的支持者们在首都华盛顿举行了大规模的示威游行活动以反对拜登当选，示威者试图冲过金属围栏，部分暴力分子破窗而入，在美国国会大厦内与警察发生冲突。骚乱事件造成包括 1 名国会警察在内的 5 人死亡、约 140 名执法人员受伤，揭开了美国所谓“民主政治”的遮羞布，使美式政治乱象暴露在全球镁光灯下。此次暴力事件中，特朗普及其周围的核心圈层持续在推特等平台上发言暗示选举结果不公，试图推翻 2020 年美国大选结果，无形中发挥了“意见领袖”的作用，使其支持者、民粹主义者等团结在其号召之下并失去理智。随着新技术的助推与自媒体的普及，“意见领袖”在选举、政治决策、国家治理等领域发挥的作用越来越大：一方面，“意见领袖”的宣传所能够达到的范围越发扩大，另一方面，借助大数据分析、人物画像等手段，“意见领袖”其宣传对每个个体的把控更加精准，如果脱离有效规制，或是被用于不正当的目的，其造成的危害也将越发严重。

“魔力”之三，是“信息茧房”使大众不知不觉自我封锁。“信息茧房”这个词在二战时还未产生，但是其传播效应与影响却一直存在。19 世纪，法国思想家托克维尔发现，民主社会天然地易于促成个人主义的形成，并将随着身份平等的扩大而扩散。2006年，哈佛大学桑斯坦教授在《信息乌托邦：众人如何生产知识》一书中提出，人类社会存在一种“信息茧房”现象，在信息传播中，人们自身的信息需求并非是全方位的，只会注意、选择想要的或能使自己愉悦的信息，久而久之，人们接触的信息就越来越局限、越来越窄，就像用蚕吐出来的丝，细细密密地把自己包裹起来，最终像一个蚕宝宝一样被桎梏在“信息茧房”内，失去对其他不同事物的接触机会和了解能力。需要警惕的是，以“信息茧房”为代表的舆论形态对个人和社会都会造成危害。一方面，“信息茧房”和“沉默的螺旋”双重叠加，造成社会群体的极化。“信息茧房”群体内的个体成员拥有相近似的观点和看法，与外部世界交流会大幅减少，群体内同质的特征越来越显著，群体经过时间的累积形成了自己独特的风格与特点，而群体间异质的特征越来越明显。如果群体内形成某种错误的舆论风向，将因为难以接受其他正确舆论观点的修正而变得愈发极端。对于生活在“信息茧房”的国家治理者而言，“信息茧房”所营造的舆论场可能看似是个温暖、友好的地方，但极有可能因为缺少不同声音而导致重大决策失误甚至是国家治理灾难。另一方面，“信息茧房”在国际与社会层面加剧隔阂，推进“逆全球化”并造成社会黏性的流失。社会黏性是由经验、知识和任务的分享而来的，人们需要有一些共同的记忆和关切，需要有由经验分享而构建的共同联盟。如果将社会、国家看作“信息茧房”中的个体，缺少交流的舆论生态将导致各国只关心内部或小群体内部的政治、经济利益，加剧不同文化、政治、道路选择的国家主权间的相互排斥甚至是仇视，迟滞应对气候变化、军控、经贸合作、生物安全治理等领域的国际合作，阻碍国际共同安全的维护与塑造。随着互联网与人工智能算法对舆论的“科学升级”，“信息茧房”的“网”将越织越密。

舆论何以保国安

舆论对国家政权、经济、文化、社会等各领域安全均有着牵一发而动全身的精妙影响，在塑造外部安全环境、推进国际共同安全中也发挥巨大作用。

以习近平新时代中国特色社会主义思想为指引，中国逐步形成了具有自身特色、强大影响力和号召力的舆论观，习近平总书记在对党的新闻舆论工作的要求中明确提出：“党的新闻舆论工作是党的一项重要工作，是治国理政、定国安邦的大事，要适应国内外形势发展，从党的工作全局出发把握定位，坚持党的领导，坚持正确政治方向，坚持以人民为中心的工作导向，尊重新闻传播规律，创新方法手段，切实提高党的新闻舆论传播力、引导力、影响力、公信力。”

新时代中国的舆论观是怎样的，新时代的中国声音应该是什么样的？习近平总书记的“48字”方针点明了党的新闻工作的职责和使命，也从历史经验与现实要求的角度点明了新时代我们需要什么样的舆论：高举旗帜、引领导向，围绕中心、服务大局，团结人民、鼓舞士气，成风化人、凝心聚力，澄清谬误、明辨是非，联接中外、沟通世界。

舆论与国家安全之间的关系也愈发紧密且明晰。习近平总书记在党的新闻舆论工作座谈会上提出了“五个事关”重要论述：“做好党的新闻舆论工作，事关旗帜和道路，事关贯彻落实党的理论和路线方针政策，事关顺利推进党和国家各项事业，事关全党全国各族人民凝聚力和向心力，事关党和国家前途命运。”这句话深刻而鲜明地阐明了舆论与党和国家事业、国家安全之间的紧密联系。

舆论工作事关旗帜道路。舆论从本质上讲是凝聚社会共识的动态过程，也是平衡公权力与民众个体诉求的有效工具。社会主义意识形态的凝聚力和引领力，既取决于富有说服力、感召力的内容，也取决于广泛有效的传播，舆论恰是传播的有效渠道之一。舆论工作处在意识形态工作的最前沿，是党的各项工作中的重要一环，是治国理政、定国安邦的大事。只有紧密围绕中心工作和发展全局，时刻从全局出发把握定位，才能真正释放出新闻舆论工作的巨大力量，使人民有信仰、国家有希望，使党和国家始终坚定自信地走在正确的道路上、站在历史的正确一边。

舆论导向事关人民福祉。“历史和现实都告诉我们，舆论的力量绝不能小觑。舆论导向正确是党和人民之福，舆论导向错误是党和人民之祸。好的舆论可以成为发展的‘推进器’、民意的‘晴雨表’、社会的‘黏合剂’、道德的‘风向标’，不好的舆论可以成为民众的‘迷魂汤’、社会的‘分离器’、杀人的‘软刀子’、动乱的‘催化剂’。”置身国内外新格局新形势，好的舆论可以引领社会、推动全局发展，不好的舆论则会撕裂社会、破坏全局发展。当前，我国正处于经济社会转型期，多元多变的利益格局与复杂激烈的意识形态斗争给统一思想、凝聚共识带来很大难度，特别是在一些重大原则问题和大是大非上，错误导向的滋生蔓延，势必会混淆视听、误导百姓，留下难以挽回的潜在危机。变局之下，恰恰需要舆论以传达正确的立场、观点、态度为己任，引导人们分清对错、好坏、善恶、美丑，激发人们向上向善的精神力量，担负起澄清谬误、明辨是非的历史重任。只有在舆论工作的各个方面、各个环节都坚持正确的舆论导向，全面营造有利于坚持中国共产党领导和我国社会主义制度、有利于推动改革和发展、有利于增进全国各族人民团结、有利于维护社会和谐稳定的舆论环境，才是满足全国各族人民的根本利益所在。舆论斗争事关伟大事业的前途命运，舆论分歧源于文化、利益、政治等多种因素。因而，舆论斗争是一项长期、复杂的系统性工程，在新技术、新趋势、新环境下，舆论斗争的尖锐性空前，各类舆论攻势的新变种层出不穷。舆论斗争是推进伟大事业不可或缺的一环，前进道路并非一帆风顺，话语环境更是风高浪急，舆论战场在新时期相较于传统冲突也更加活跃。但是，越是接近胜利的时候，阻力就越大，越是困难的事情，就越需要想方设法地做成、做好。只有在舆论场中具备与国家硬实力相当的软实力，才能应对好各种“妖魔鬼怪”的意识形态攻势，为国家创造建设伟大事业的良好环境。

国际舆论事关共同安全与人类命运。习近平总书记在十九届中共中央政治局第三十次集体学习时指出：“要深刻认识新形势下加强和改进国际传播工作的重要性和必要性，下大气力加强国际传播能力建设，形成同我国综合国力和国际地位相匹配的国际话语权，为我国改革发展稳定营造有利外部舆论环境，为推动构建人类命运共同体作出积极贡献。”当今世界仍不太平，国际热点此起彼伏，地区争端、恐怖主义、气候变化、网络安全、生物安全、卫生健康等全球性问题错综复杂，人类社会面临的和平赤字、安全赤字、信任赤字、治理赤字有增无减，改善全球安全治理刻不容缓。舆论可以帮助跨越文化的“天堑”。塞缪尔·亨廷顿在《文明的冲突与世界秩序的重建》一书中提出，由于现代化的激励，全球政治正沿着文化的界限重构。文化相似的民族和国家走到一起，文化不同的民族和国家则分道扬镳……文化共同体正在取代冷战阵营，文明间的“断层线”正在成为全球政治冲突的中心界限。不同文化之间的舆论场看似具有不可逾越的“天堑”，分属不同文化背景的国家舆论环境不同，发生冲突看似是必然的结果。然而，这种文化属性的“天堑”恰恰需要合适的舆论来发挥“架桥开路”的作用，舆论可以增信释疑，以更易于被接受的方式实现文化的交流与观点的交换，进而打破传统的文化界限，诸多成功实践也证明了优秀的舆论是可以获得国际社会的广泛认可的。党的十八大以来，党中央高度重视和全面推进国际传播工作，大力推动国际传播守正创新，理顺内宣外宣体制，打造具有国际影响力的媒体集群，积极推动中华文化走出去，有效开展国际舆论引导和舆论斗争，初步构建起多主体、立体式的大外宣格局，显著提升中国的国际话语权和影响力。国际舆论对全人类的共同安全至关重要，也对促进全球治理向良性方向发展大有裨益：一个相互割裂的舆论环境将加深不同政体之间的误解与不信任，恶化全球合作环境，使各国局限于自身利益而罔顾人类命运，助长民粹、极端、恐怖主义思想，阻碍全球化进程甚至推动“逆全球化”；而一个健康、积极、稳定、和谐的全球舆论环境能够带领各国坚决反对霸权主义、强权政治、冷战思维，通过和平方式解决问题和争端，积极探索国家间安全合作，扩大各国安全利益汇合点，引导国际社会共同塑造更加公正合理的国际新秩序，努力营造平等互信、公平正义、共建共享的安全格局，在达成共识、消解冲突、促成合作中发挥重要作用，为推动构建人类命运共同体提供安全支撑和有力保障。

参考文献

1　《习近平谈治国理政》第二卷，外文出版社 2017 年版。

2　[美] 沃尔特·李普曼著，常江、肖寒译:《舆论》，北京大学出版社 2018 年版。

3　中共中央马克思恩格斯列宁斯大林著作编译局编译:《马克思恩格斯选集》第 1 卷，人民出版社 2012 年版。

4　陈力丹:《舆论学——舆论学导向研究》，上海交通大学出版社 2012 年版。

5　郑超然、程曼丽、王泰玄:《外国新闻传播史》，中国人民大学出版社 2000 年版。

6　[美] 凯斯·R. 桑斯坦著，毕竟悦译:《信息乌托邦》，法律出版社 2018 年版。

7　[德] 伊丽莎白·诺尔-诺依曼著，董璐译:《沉默的螺旋：舆论——我们的社会皮肤》，北京大学出版社 2013 年版。

2

第二章

以史观舆

我们正处于信息爆炸的时代，无论是从我们的生活经验，还是以我们的直观感受来看，舆论都具有鲜明的时代性，有着极其严格的“保质期”。从亘古推至今下，由黄土观之四海，无论是以传播介质还是热点内容来衡量，无论是从舆论格局还是主要矛盾来归纳，在不同的历史时期、不同的文化背景下，舆论彰显着“日新月异”的巨大变化，显现着截然不同的色彩与形态。所以，从历史角度所观察的舆论，似乎对我们理解现在的舆论场没有太多的显性帮助。毕竟，今天的舆论（新闻）也只不过是明天的历史，而且我们要讲的是一个处于信息爆炸的时代背景下且更为复杂的舆论场，其对国家安全的影响相较于历史有天壤之别。历史中的那些舆论为我们提的“过来人的建议”，看起来并没什么办法指导现下的舆论工作。

既然如此，为什么要从历史的维度去考量舆论呢？

由此向前，再提一个更加具体的问题——从历史的角度观察舆论，对我们以维护当前的国家安全为出发点引领和塑造舆论有什么帮助呢？

舆论是历史的“伴飞者”，是观察历史最“平实”的角度。“以史为鉴，可以知兴替”——这或许是最简明、直接的答案。在本书第一章论述何为舆论的时候就提到，如果将历史视作一条长河，舆论可能就是其奔涌向前时激起的无数浪花与水鸣。这一定程度上表达了本书笔者的一个观点：舆论的历史源远流长，对世界大势有着或隐或显的影响，舆论的演变史可以帮助我们更好地理解舆论，也更好地理解历史里当时的世界，且舆论在一定程度上可以为我们提供一种“大众视角”，使我们能够从中归纳出一些抽离于历史之外、符合客观规律的经验。

舆论在历史进程中的“现实化”可以让我们以更加现实的视角去看待舆论。想要用好舆论，使其发挥应有的作用，就不得不认清舆论的“底色”。人类社会对于舆论的认知并非一成不变，甚至很多人对其有着“浪漫的幻想”，认为其是社会治理的“最佳主导者”。但沧海桑田，历史的洪流向前，人类社会发展也面临着“物竞天择”，那些曾经对舆论持浪漫幻想的终极理想主义者终究在自然选择中被无情淘汰，而将舆论视作“实用工具”看似成为更加务实的认识。跟随历史的视角，理解这种一百八十度的认知转向与过程，或许可以为我们更好发挥舆论的价值提供一些现实启迪与帮助。

舆论在治乱兴衰中的巨大作用对我们清醒认识所处舆论环境、妥善应对各类风险隐患并抓住重大机遇有着无可替代的启发意义。在新的时空环境下与历史方位上，舆论斗争更加激烈，舆论变局更加突出，舆论格局更加多元，正确导向的舆论及其价值与作用更加突出。

以史观舆，恰是以来时路，指引前方。

西方舆论：理想主义已不复存在

虽然“舆论”作为一个词组，较早是在卢梭的《社会契约论》一书中出现，但是舆论在西方的历史其实更为久远，且在很多时候，思想家与政论家们可不是在就舆论谈舆论，透过舆论，他们探讨的更多的是社会的治理、理想社会的实现。只不过，经历漫长的演变之后，随着政治、经济、意识形态、社会结构等要素的变迁，西方舆论也已经发生了巨大的变化。

不受重视的“底层声音”。早在古希腊时期，舆论就已经存在了，该时期的代表先哲苏格拉底和柏拉图其实早就注意到了舆论，也形成了具有特色的古典舆论观。柏拉图在《理想国》一书中着重突出了对君王教化的重要性，但无形中也轻视了舆论的作用。换个角度来讲，如果对民众的教化是没有价值或者具有极少价值的，那么在教化、引导民众的过程中能够发挥巨大作用的舆论也就看起来不那么重要了。这与当时的社会、政治形态息息相关。作为城邦制国家，精英政治是其政治的典型生态。底层民众无心争取畅所欲言的舆论空间，吃饱穿暖的生存需求既是奢望也是唯一诉求。在这种政治环境下，仅有衣食无忧的精英人士才会讨论治理国家这种宏大的舆论话题，上层统治者与底层民众的舆论几乎很难产生交集，底层的声音更难以左右国家大势发展。舆论场参与者聚焦上层少数统治者，而舆论话题的上下层分化极其严重。在这一时期，舆论与其传播主体——大众还未真切地接触到彼此。自然而然，彼时的舆论更多呈现出“沉默”的样子。其实，在贯穿西方的整个封建制度时期，因为统治者集权的需要，以及社会阶层的巨大割裂，舆论难以找到合适的参与主体，一直都处于这种不温不火的状态。

但随着社会变迁，历史条件不断发生改变，阶级变动、话语权游移、传播技术发展、生产力与生产效率提升，底层民众有了更多的时间、空间与意愿参与舆论，而在这个过程中，越来越多的思想家也开始关注舆论在社会治理中能够发挥的作用。

参与政治的“新声”。16 世纪初，最早提出空想社会主义的英国思想家托马斯·莫尔在其著作《乌托邦》中提出：“凡属认为重要的事都要提交摄护格朗特会议，由摄护格朗特通知各人所管理的住户，开会讨论，将决定报告议事会。有时问题须交全岛大会审议。”莫尔想提出一种治理方式，但他不知不觉使舆论成为了一条途径——一条赋予全体公民参政议政权利的途径，一条将公民意见纳入政府治理体系的途径。

在这一时期，舆论逐渐被赋予了更多的自由主义色彩与人文主义思想，因而浪漫主义色彩渐浓。

约翰·弥尔顿是英国诗人、资产阶级革命家和政治家。他出身于伦敦的一个富裕的清教徒家庭，自幼酷爱读书。毕业于剑桥大学的他通览古代与文艺复兴时期文学作品，深受人文主义思想影响。当他还是个青年的时候，就立志成为一个伟大的文学家，创作为人传颂的史诗。然而造化弄人，1638 年，弥尔顿在意大利旅行时会晤了遭受天主教会囚禁的伽利略，1639 年他又见识了英国国内艰苦而残酷的斗争。这些来自现实的拷问让他放弃了文学创作，转而投入了革命的浪潮，发表了诸多政论文章与小册子。在他的这些“作品”中，最脍炙人口的莫过于《论出版自由》。1643 年，法案规定未经出版检察官审阅批准，不准印刷任何出版物，弥尔顿不顾禁令继续出版，他曾在国会做了长篇演讲系统阐释出版自由，后又未经书刊监察机构的同意就将该小册子以《论出版自由》为名出版。尽管当时影响不大，但在法国大革命期间，米拉波翻译并推出了该小册子的法文版，使其 18 世纪在英法美三国广泛流传，至今仍然是关于出版自由的经典论述。

但弥尔顿的观点体现着浓重的理想主义，他认为舆论无需政府的影响与规制，舆论场的自然选择就会保留正确的声音。尽管其思想有一定的局限性，但并不妨碍弥尔顿将浪漫的自由主义践行终生。1660 年 5 月，他在斯图亚特王朝的复辟中入狱，饱受折磨却始终对自由主义心怀向往，然而命运多舛，其晚年又遭受了双目失明。但他仍然不忘年轻时的初心，口述了三部光辉史诗——《失乐园》《复乐园》与《斗士参孙》。

与弥尔顿同样出身于富裕清教徒家庭的约翰·洛克，是英国资产阶级革命时期知名的唯物主义哲学家和激进的政治思想家，也是西方自由主义理论的创始人之一。其主要著作《政府论》《人类理智论》等主张的自然法思想所主张的"自由、平等、博爱"成为资产阶级的口号，并成为法国《人权宣言》与美国《独立宣言》的理论依据。其对于舆论及言论自由的观点也与弥尔顿如出一辙。一是自由是人自然权利的基础，只有人能凭头脑中的思想自由说话或保持沉默，才算获得言论自由。二是任何人都有一种不可被侵犯的自由权利，就是任意用各种词汇来表达自己的思想。三是不能指望任何人抛弃自己的思想而盲从于不可理解的权威。当意见不同时，保持和平、友谊但坚持各自观点，对于人类的发展才是有益的。

当然，设想总是美好的，浪漫的自由主义舆论观的背后却是骨感的现实。正如前文所提到的，舆论形态受到政治形态、生产效率、阶层变迁的深刻影响。尽管从名义上实现了从"自由主义论"向"社会责任论"的进化，但是此后两百余年的资本主义发展并没有实质性的进步。时至今日，资本主义的弊端让舆论并没有如弥尔顿、洛克等人所期待的那样，成为"自然就能维持公平正义、代表人道公道的天平"，相反，西方舆论所带来的不安全性、逐利性越发显现。在美国、法国、英国等传媒业发展超前的国家，媒体机构凭借语言优势与意识形态的抱团把持了巨大的话语权，它们打着新闻自由的旗号横行世界舆论场，其背后却是财团、利益集团、精英政治阶层的操纵。舆论并没有成为为大众说话的进步途径，反而成为催生美式选举乱局、扰乱俄乌战局、推动民粹等极端思想、制造“集团政治”、遏止全球化进程的“混乱制造机”。究其原因，是自由主义思想下的舆论过于理想化，过于信任舆论所具有的自我调节能力，过于高估了舆论的纯粹性，过于粉饰了舆论的和平属性，过于强调个体的权益以至于模糊了小部分群体与民众的界限。

当浪漫色彩褪去，如果弥尔顿与洛克生活在今天，可能也不得不承认，资本主义的舆论让他们失望了。然而，偶然中蕴含着必然，舆论的历史在这里如流水分了叉，其中的一条在缓慢的探索中慢慢规避了前文所述的这种浪漫色彩浓厚的自由舆论观念的短板，并以一种更加务实的姿态服务于社会的变革与治理，这条河流叫作——社会主义色彩的舆论观。

马克思、恩格斯两位哲人眼中的舆论

失败的“空想”，启迪的开端。18—19 世纪，空想社会主义发展，空想社会主义者开始注重利用报刊，将报刊作为无产阶级进行舆论宣传的工具。以圣西门、欧文、傅立叶为代表的空想社会主义者将报刊作为舆论引导和政治教化的重要工具。早期的空想社会主义舆论思想具有一定的进步性和指导意义：它认识到了舆论的本质——普通大众的普遍观点，并致力于将“取之于民”的舆论“用之于民”；同时，它也认识到了舆论载体——报纸的重要性，圣西门、傅立叶不仅通过大量著作向公众宣传其政治愿景，同时也利用报纸作为舆论宣传的工具。但空想社会主义终究是一种“乌托邦”式的希冀，它的舆论观点也笼罩着理想化的特点，比如舆论监督的推行与社会实际发展水平不符、将舆论的作用过于放大等，都是其舆论思想中不成熟的部分。但至少，这些尝试为马克思、恩格斯的理论传播和发展提供了理论基础和实践经验。而马克思、恩格斯在空想社会主义的基础上，批判性地创造了马克思主义舆论思想。

马克思、恩格斯关于舆论的直接理论性论述相较于其对经济、社会制度的思考论述较少，但其在践行、传播各类理论过程中，却处处离不开舆论。他们将舆论当作观察社会的“透视镜”，也是他们传播理论观点的“传声筒”。在他们的著作中，“舆论”出现的频率较高，在 300 次以上，且往往附加有不同的定语以表明舆论的地域、时间、阶层、行业甚至政治倾向。尽管马克思、恩格斯常常把舆论和报刊混用，但其实他们也明白二者并不等同。马克思、恩格斯论述中的舆论一般指“某一时期的某一地区的某一行业的某一群体或阶层就某一事件的大体一致的意见或情绪”。正是发现了舆论的大众性，又洞悉了其中的利益、群体和各种运行规律，因而在实践中，马克思、恩格斯发掘了具有鲜明社会主义色彩的舆论。

在马克思、恩格斯看来，舆论具有几个鲜明的特点。一是共同利益是在一定范围内舆论形成的基础。相对应的，舆论的交锋建立在矛盾之上，矛盾不解决，则舆论很难消退。二是先进阶层或发达地区的舆论是舆论的“晴雨表”，并且随着社会发展，不同阶层、地区的舆论区别特别是差距越来越大。马克思在研究法国大革命时就注意到“当时（占主导地位的）雅各宾派是公众舆论晴雨表”。恩格斯谈到德国的舆论动向时写道：“因为奥地利人未必能够列入文明世界，他们驯服地服从统治者的家长式的专制统治，所以普鲁士就成为了德国现代历史的中心、社会舆论变化的晴雨表。”三是舆论越发敏感且变化无常。现代化社会将每个人前所未有地紧密连接在一起，任何眼前的微小变化都可能剧烈影响身处远方的某个人甚至群体。就统治阶级的舆论而言，恩格斯以英国的舆论如何对待非国教徒为例称：“我们同时也看到，英国统治阶级的舆论（大陆上只有它能够为人所知）如何随着时势和利益的变化而反复无常……历史的进步是阻挡不了的，1688 年的立法和 1828 年的社会舆论之间的距离是如此巨大，以至这一年连下院也察觉到它必须废除那些反对非国教徒的最苛刻的法律了。”

马克思、恩格斯都高度认同舆论所具有的非凡力量。马克思称舆论是一种“普遍的、隐蔽的和强制的力量”。恩格斯评价舆论在 19 世纪 40 年代英国的作用时批判道:“难道议会不是在不断践踏人民的意志吗?社会舆论在一般问题上能对政府发生一点影响吗?社会舆论的权力不就是只限于个别场合并且只限于对司法和行政的监督吗?”恩格斯把舆论看作是一种与立法(议会)、司法和行政相平行的权力,但并不认为在当时的英国舆论监督作用得到了充分发挥,而舆论也并不具备和另外三权等量齐观的力量。但是马克思、恩格斯都对舆论寄予厚望,他们认为舆论已经具备了一些能力,且还可以做到更多。

马克思、恩格斯认为舆论应该至少预备两种力量。一是制约的力量。舆论是对权力组织和政治活动家的制约力量。在他们所写的时政通讯中,权力组织受制于舆论的事例比比皆是。例如,1860 年,奥地利实行新的议会选举,一些反对党的代表和匈牙利民族的代表能够进入议会,便是舆论压力的结果。马克思就此事评论道:“皇帝的恩诏没有骗住任何人。各德意志省的舆论立即迫使旧的市议会(革命后皇帝所任命的)为目前人民投票选举的新人敞开了自己的大门。”二是监督的力量。舆论帮助社会更好发挥监督作用,马克思使用过“舆论的陪审团”“名誉审判席”“批判的法庭”等鲜明的比喻,恩格斯使用过“舆论的权力”“诉请公众”“诉诸公论”等用语,其意都是在表达舆论可以以其监督作用使社会中的每一个人感受到道德的规束。三是改进的力量。舆论对于推动社会的发展具有积极的作用，其突出表现在于对立法的推动。早在 1843 年，马克思就意识到“舆论是国家立法最丰富、最可靠和生气勃勃的源泉”。在《资本论》中，马克思把“10 小时工作法案”的通过，看作是工厂主们“怯懦地向舆论让步”。

虽然马克思、恩格斯已经对舆论有了超人一等的观察，然而他们并没有通过舆论亲手建立起一个理想的政权或社会。他们也很难预见到，在遥远的东方古国，一个诞生时仅有寥寥 58 人的新生政党，会将马克思主义本土化、时代化，并将马克思主义舆论思想与本土的笔杆子、大喇叭、报纸等“工具”结合起来，鼓舞着其民族实现了一场人类历史罕见的百年伟大征程。

舆论失灵的历史教训

在古以色列，先知是具有至高无上号召力的“意见领袖”。他们可以发挥两种截然不同的作用：有时向民众宣讲、推介政府的政策，为政府的立场辩护；有时则抨击政府的施政方针，呼吁民众反对政府。为达到这两种目的，他们都要左右舆论。

在以色列先知看来，舆论是平衡公民权益与公权力的天平，在维系社会安全稳定的过程中发挥重要作用。事实上，在借助舆论维系社会稳定的机制中，真正关键的并不在于先知的权衡，而在于如何看待、处置舆论，在于为政者如何从国家治理的角度出发，使舆论这个隐形的天平保持平衡。许多为政者因持有错误的舆论观与治舆观，或有意或无意地打翻这个隐形的天平，最终导致政府失治、社会失秩，使国家安全遭受巨大威胁。

唯舆论为是。荀子曰:“君者，舟也；庶人者，水也。水则载舟，水则覆舟。”舆论往往被视作民意的显性表现，荀子的话本是规劝为政者从善如流、听取民意，但过犹不及，若放任舆论自由发展，将其视作绝对权威，将讨好民意、利用民愤放置于国家利益之上，对一时占据上风的舆论偏听偏信，整个国家和社会就容易被未必正确的声音左右思想、动摇决心与信心，导致政治运行脱离科学规律，政策施行变形变质，最终危害国家的发展与安全，甚至使国家走上亡国覆灭的道路。苏联最后一任领导人戈尔巴乔夫欲借“舆论公开”争取民众支持，提出在苏联建立“人道的民主的社会主义”，“彻底放弃苏共在话语权上的垄断地位”。舆论管制的完全放开致使舆论主导权被反对派占据，形形色色的反苏势力如潮水般奔涌而出，刻意贬低苏联的声音在国际社会上得到了广泛传播，甚至成了西方世界评价苏联体制的主流意见，资本主义国家借机在国际舆论场与苏联内部反动势力勾结，并将自身描绘成天堂。舆论失控的潘多拉魔盒一经打开，让苏联人民对国家体制产生了自我怀疑，最终形成了苏联解体的催化剂。

凡舆论皆恐。周厉王暴政无度、严控言论，召穆公劝谏他：“防民之口，甚于防川；川壅而溃，伤人必多，民亦如之。”许多政客也认为众口乃祸乱之源，如“众口铄金”“夫众口之毁誉，浮石沉木”。这种看待舆论的视角到今天逐渐由忧变恐，逐步演变成了“恐舆观”，体现为施政者因为害怕民众发声就强行捂住民众的嘴巴。这种对于舆论的恐惧似乎贯穿了古今中西的整个封建社会，从焚书坑儒到大兴“文字狱”，再到国民党反动派对舆论的管制，统治者往往对舆论因恐生恨。究其原因，是对于自身的执政水平与治国道路的不自信，认为自身的执政成果经不起人民的检验，更经不住历史的评说。事实上，舆论作为民众参与治理的渠道，在吸纳社会意见、化解社会矛盾等方面均发挥重要作用。1978 年 12 月 13 日，邓小平在中共中央工作会议闭幕会上作题为《解放思想，实事求是，团结一致向前看》的讲话，他指出：“一个革命政党，就怕听不到人民的声音，最可怕的是鸦雀无声。”他还形象地将疏导社会情绪称为“出气”，强调“群众有气就要出”“有气就能出”。

轻舆论之智。韩非子明确反对“得民之心”之类的“显学”观点，认为“民智之不可用，犹婴儿之心也”。他举证说，大禹治水而决江河，民众聚瓦石阻之；子产富国而垦田植桑，郑人多诽谤之，故“未可与为治也”。婴儿之喻对后世影响深远，直至清末梁启超仍以“稚子之心”比拟民智和群体心理之低劣。因为对于民智的不信任与轻视，一些政府对于民意也展现出“轻舆观”，并认为对于舆论不必给予过多的解释与引导。事实上，舆论对于提升民智，维护经济、生产等各领域有序运行发挥着不可替代的作用。2021 年 11 月 1 日晚，一则《关于做好今冬明春蔬菜等生活必需品市场保供稳价工作的通知》发布，“鼓励家庭根据需要储存一定数量的生活必需品”等部分内容被媒体摘出并夸大表述，一时成为网上热点，引发各种猜测，一些商场甚至出现了民众抢购物资的苗头。国内《经济日报》等主流媒体准确把握通知中有关表述的真实意图，迅速发布了快评《不要过度解读甚至误读储存一定生活必需品》，明确做出解读与政策宣介，提醒人们不要过度解读。主流媒体在舆情发酵初期的及时回应经各大媒体和网络平台迅速转载推送，美国有线电视新闻网（CNN）等国外媒体也相继引用该文章及相关观点。据统计，该文章 24 小时内总阅读量达 3.86 亿次，助益我国国内市场供应平稳运行。实际上，舆论并非一部分轻视之人所想的那么不堪一提抑或是没有任何“含金量”，相反，舆论的理智程度在一定程度上反映出民智和民治的水准，与社会的发展水平息息相关。重视舆论与民智的双向促进有益于国家治理，也是民众在合理范围有序参与政治决策的重要途径，是维护国家安全、提升发展水平的重要一环。

宣扬“舆论只代表着自由与浪漫”这种观念的治理者，往往是打着自由的旗号治理舆论，但有意无意忽视了舆论所需要的规制和合理引导与治理。中国共产党百年党史的经验说明，对舆论的正确使用要充分遵循马克思主义的科学观和方法论，要以更加务实的观点看待舆论。一是明确了舆论作为政治斗争的武器作用。这是从“用”的角度讲明舆论的社会价值。毛泽东以马克思主义视角为出发点，如是论述：“一个新的社会制度的诞生，总是要伴随一场大喊大叫的，这就是宣传新制度的优越性，批判旧制度的落后性”，“凡是要推翻一个政权，总要先造成舆论，总要先做意识形态方面的工作。革命阶级是这样，反革命的阶级也是这样”。二是明确了人民群众之于舆论的必须主体作用。这是从“人”的角度讲明舆论的社会属性。舆论和人民是相辅相成、密不可分的。列宁在十月革命爆发的第二天即宣布：“我们希望政府时刻受到本国舆论的监督。”而作为国家主体的人民群众，更是在舆论监督中拥有极大权力。三是肯定了载体之于舆论传播的重要作用。这是从“器”的角度讲明舆论的实践之道。在马克思主义舆论思想中，无产阶级的“自由报刊”理论是不可忽视的一部分，报纸是需要慎重选择运用的重要舆论载体。四是强调坚持党对社会舆论的主导。这是从“本”的角度讲明舆论的根本宗旨。马克思主义政党正是认识到了这一点，所以将党对舆论工作的领导视为整个马克思主义舆论思想的政治生命线，也是党在开展一系列新闻舆论工作中的基本原则和底线，“舆论导向正确，是党和人民之福；舆论导向错误，是党和人民之祸”。

在漫长的人类历史中，有无数的事情因舆论兴，又有无数的事情因舆论败。历史的启示很难一一道尽，但舆论的历史经验至少告诉我们，如果没有妥善处理好舆论、没有始终坚持引领正确的舆论方向，就很难协调好人民与执政者之间的平衡天平，更遑论维护国家安全。这些教训，来自弥尔顿始终坚持却没有结果的浪漫，来自戈尔巴乔夫在苏联解体后的黯然神伤，来自圣西门等对舆论教化作用的过度吹捧神化，也来自韩非子等对百姓声音的嗤之以鼻。这些在历史上赫赫有名的思想家、政治家或许最终都没有找寻到合适的与舆论相处的平衡之道，但至少他们的经验教训，以及这一百年来中国共产党在舆论工作中取得的伟大成就可以为以舆论维护国家安全提供更加明亮的方向。

参考文献

1 《习近平谈治国理政》第二卷，外文出版社 2020 年版。

2 《习近平治国理政》第三卷，外文出版社 2020 年版。

3 中共中央马克思恩格斯列宁斯大林著作编译局编译:《马克思恩格斯全集》(第 1 卷)，人民出版社 2012 年版。

4 [德] 卡尔·马克思著，朱登编译:《资本论》，北京联合出版公司 2013 年版。

5 《邓小平文选》第 2 卷，人民出版社 1994 年版。

6 [英] 托马斯·莫尔:《乌托邦》，西北大学出版社 2016 年版。

7 [德] 汉斯·约阿希姆·施杜里希著，吕叔君译:《世界哲学史》，广西师范大学出版社 2017 年版。

8 胡百精:《中国舆论观的近代转型及其困境》,《中国社会科学》2020 年第 11 期。

9 [英] 约翰·弥尔顿著，吴之椿译:《论出版自由》，商务印书馆 1958 年版。

3

第三章

百年党史与舆论

1921—2021 年，中国共产党走过了百年栉风沐雨，于浙江嘉兴南湖的一艘红船上诞生，在新民主主义革命的枪林弹雨中成长，历经社会主义革命和建设的筚路蓝缕，在改革开放和社会主义现代化建设的潮流中融入世界，并在中国特色社会主义新时代屹立潮头，成为实现中华民族伟大复兴的中流砥柱与领导力量。百年间，从革命建设到改革复兴，从救国兴国到富国强国，党的舆论工作无时不有、无处不在：是救亡图存、唤醒沉睡巨龙的声声呐喊，是启迪民智、深入田间地头的亲切交谈；是不畏强权、捍卫民族尊严的慷慨陈词，是发展民生、汇聚群众伟力的振臂动员；是独立自主、致力国际和平的大国风范，亦是从严治党、吾日三省吾身的自我完善。

百年恰是风华正茂，千秋伟业还看今朝。在向着全面建成社会主义现代化强国的第二个百年奋斗目标进军的新征程上，中国共产党必将继续以舆论为武器，维护国家安全，为以中国式现代化全面推进中华民族伟大复兴保驾护航！

左手传单，右手枪弹

1921 年 7 月，中国共产党成立。习近平总书记指出：“中国产生了共产党，这是开天辟地的大事变。这一开天辟地的大事变，深刻改变了近代以后中华民族发展的方向和进程，深刻改变了中国人民和中华民族的前途和命运，深刻改变了世界发展的趋势和格局。”回首望去，党领导人民群众进行伟大斗争，在困难险阻中披荆斩棘，在黑云蔽日中砥砺前行，使今日之中国前所未有地接近实现中华民族伟大复兴的梦想。党是人民群众的坚强领导核心，人民群众是党的力量源泉，党的舆论宣传工作正是将党的领导与人民群众的伟力相结合的重要纽带，是党传播真理、组织群众，推动革命、建设和改革事业不断取得胜利的重要法宝。邓小平同志曾说过，“我们党从起根发芽时就是从宣传工作做起”。中国共产党自成立以来，始终把宣传群众、发动群众、凝聚群众、鼓舞群众作为一个贯穿始终的优良传统和政治优势。正是在思想理论伟力的引领下，中国共产党才能在百年艰苦求索中克服一个又一个艰难险阻、战胜一次又一次风险挑战，不断夺取革命、建设、改革的伟大胜利。

中国共产党缘何形成重视舆论宣传工作的传统？鉴古方能通今，这一问题的答案与党成立之初的“世情”“国情”“民情”和“敌情”等时空背景密切相关。

一是为反抗压迫，“敢教日月换新天”。中国共产党诞生之际，中华大地内忧外患、民不聊生，党以舍我其谁的爱国热忱与使命感，以马克思主义为思想理论武器，与帝国主义、封建主义和官僚资本主义“三座大山”进行艰苦卓绝的斗争。19 世纪末 20 世纪初，西方主要资本主义国家相继进入帝国主义阶段，为重新瓜分世界并争夺霸权，它们对殖民地扩大资本输出、金融盘剥和文化压迫，使被侵略国家长期陷入苦难，民穷财尽、哀鸿遍野。1901 年，清政府被迫与西方列强签订丧权辱国的《辛丑条约》，中国彻底沦为半殖民地半封建社会。辛亥革命虽然推翻了封建君主专制制度，却没有完成反帝反封建的历史任务，未改变中国的社会性质。随后，四分五裂的军阀混战轮番上演，复辟帝制的丑剧、闹剧粉墨登场，封建主义苟延残喘，帝国主义变本加厉，官僚资本主义巧取豪夺，人民群众被压得透不过气。

在此地仍陷于黑暗之时，彼端已初现曙光。1848 年 2 月，《共产党宣言》横空出世，标志着马克思主义的诞生，使社会主义实现从空想到科学发展的一次重大历史性飞跃。马克思、恩格斯逝世后，列宁从俄国实际出发，把马克思主义推进新的历史阶段，指引俄国人民夺取了十月革命的胜利，使社会主义从一种崇高的理想、信仰变成现实的社会主义制度。“十月革命一声炮响，给中国送来了马克思列宁主义。”在中国人民和中华民族的伟大觉醒中，在马克思列宁主义同中国工人运动的紧密结合中，中国共产党应运而生。毛泽东曾鲜明地提出：“共产党是左手拿传单右手拿枪弹才可以打倒敌人的。”重视舆论宣传工作，正是党在谋求民族独立和人民解放的时代目标下，运用马克思主义这一科学理论，带领中华民族走上救亡图存道路的大势之所趋。

二是为启迪民智，“唤起工农千百万”。建党之初，中国社会阶层正发生深刻改变。20 世纪初，工人阶级如雨后春笋般发展起来，农民阶级数量巨大，这为党的群众工作与舆论工作奠定了阶级基础。辛亥革命从根本上提升了工商业者的政治地位，帝国主义国家忙于一战也在客观上为中国民族资本主义的发展创造了“窗口期”，使中国工人阶级迅速发展壮大。据统计，辛亥革命前中国的产业工人约有 10 万人，到 1914 年增加到 100 万人以上，到 1919 年五四运动前夕已达 200 万人以上；与产业工人同时存在的还有约 4000 万手工业工人、运输业的苦力、雇农等非产业工人。五四运动后，工人阶级作为独立政治力量登上历史舞台，其占有最先进的经济生产形式，富有组织性、纪律性，并具备坚决彻底的革命性，成为近代中国最进步的阶级和革命运动的领导力量。与此同时，农民阶层的基数与规模更为庞大，占全国人口的绝大多数。1923 年 6 月，毛泽东在中共三大上特别强调：

“湖南工人数量很少，国民党员和共产党员更少，可是满山遍野都是农民”“任何革命，农民问题都是最重要的”。中国社会阶层的现实意味着党迫切需要同工农群众建立联系，为多数目不识丁的贫苦人民提供先进思想理论指引，动员其为可依靠的社会力量，以祛除愚昧、除旧布新，并探索“农村包围城市、武装夺取政权”的中国式革命道路。中国共产党深入人民群众的舆论宣传工作既为立足中国国情的必然要求，亦是党作为革命的群众性的无产阶级政党的深刻彰显。

三是为正本清源，“风卷红旗过大关”。一百多年来，党始终强调要根据不同历史阶段中国社会发展的主要矛盾确定党的中心任务和政治路线，紧紧围绕党在各个历史时期的中心任务加强党的建设，以正确组织路线服务保证正确政治路线，保证党始终成为坚强领导核心。党在成立之初除遭遇外敌围追堵截，也面临诸多内部挑战，舆论工作不仅能威慑敌人、团结群众，也可实现“刀刃向内”与自我革命，确保党始终不变质、不变色、不变味。在 1927 年 9 月开始的三湾改编前，已经诞生达 6 年之久的党还未拥有一支独立的军事武装，起义部队内思想混杂，群众基础缺乏、军阀陋习严重、官兵关系紧张。为适应革命斗争的需要，毛泽东决定对起义部队进行整顿和改编，创造性地建立了“党指挥枪”“支部建在连上”“官兵平等”“三大纪律”等治军方略，加强党的基层建设和士兵政治教育，肃清旧式军队残余习气，更加完整地建立并形成了革命军队的组织、制度和作风。长征时期，面对红四军内流寇思想和军阀主义残余等非无产阶级思想的滋生，1929年12月，党召开古田会议，通过《关于纠正党内的错误思想》等八个决议案，确立了思想建党原则，提出通过“换脑筋”，即用无产阶级思想替代农民和其他小资产阶级出身的党员头脑中的非无产阶级思想，以解决扩大群众基础与保持党的先进性之间的矛盾。1935年12月，党召开瓦窑堡会议，批评党内长期存在的“左”倾冒险主义、关门主义的错误倾向，提出党既是无产阶级的先锋队，又是全民族的先锋队的正确思想，制定了抗日民族统一战线的策略路线。1942年2月开始的延安整风运动也是一次全党范围内的马克思主义思想教育运动，旨在破除党内把马克思主义教条化、把共产国际决议和苏联经验神圣化等错误倾向，确立实事求是的马克思主义思想路线，极大地增强了党的战斗力。由此可见，舆论宣传工作是党自我净化、自我完善、自我革新和自我提高的关键法宝。

四是为驳斥谬论，“玉宇澄清万里埃”。党在成立之初力量还比较弱小，不仅遭到国内外反动派的残酷迫害和血腥镇压，还面临舆论战场上无数的抹黑污蔑。党反帝反封建的革命运动被占据宣传优势的敌对势力颠倒黑白，而帝国主义和封建势力剥削人民群众的真相却被层层掩盖。党认识到必须加紧中国革命在国际上的宣传鼓动，才能澄清谣言污蔑，并号召全世界无产阶级援助中国革命，传播客观准确的中国共产党声音，建构真实生动的中国共产党形象。为冲破国民党的新闻舆论封锁，党积极寻求对外发声途径。在中国人民抗日战争困难关头，党成立了一批国际宣传机构，通过翻译出版党的领导人著作并为国际刊物撰稿等方式，争取国际舆论支持中国团结抗战，扩大和发展国际反法西斯统一战线。党还在共产国际和联合国制宪会议上开展对外宣传，阐述实行全面、持久抗战的方针政策。此外，党亦注重联络中外记者和盟国人士采访考察，积极对外宣传根据地的真实情况。第一个赴陕甘宁苏区采访的西方记者埃德加·斯诺写成《红星照耀中国》，在西方世界引起轰动，有媒体评论此书“与哥伦布对美洲的发现一样，是震撼世界的成就”。正如埃德加·斯诺所写，相当长一段时间里，“在世界各国中，恐怕没有比红色中国的情况是更大的谜，更混乱的传说了。中华天朝的红军在地球上人口最多的国度的腹地进行着战斗，九年以来一直遭到铜墙铁壁一样严密的新闻封锁而与世隔绝”。当时甚至有人误认为，红军和红色政权并不存在。党的舆论宣传政策掀开了“封锁线后面一个热烈的新社会”。中外记者参观团被誉为“全世界人民的眼睛”，后加入中国籍并加入中国共产党的波兰裔记者伊斯雷尔·爱泼斯坦说:“(他们)把一座被关闭了很久的门，打开了一个缝隙，使光线射进来。而这个缝隙虽然很小，但是再要强制地把这座门关闭得像从前那样紧密，恐怕已是不可能了。”在中国共产党对外宣传工作的推动下，红星照耀了中国，也照耀了世界。

百年征程，舆论护航

建党初期：使命召唤，艰辛起步。

马克思主义在中国的广泛传播催生了中国共产党，使党拥有了科学的世界观和方法论，拥有了认识世界、改造世界的强大思想武器。此阶段党的舆论工作重点为宣传反帝反封建的民主革命纲领，推动了国共统一战线的形成，掀起了轰轰烈烈的国民大革命高潮，亦在大革命失败中短暂陷于停顿。

将马克思主义的火种播撒到群众当中。1921 年 7 月 23 日，中国共产党第一次全国代表大会在上海法租界望志路 106 号（今兴业路 76 号）开幕，最后一天的会议转移到浙江嘉兴南湖的游船上举行。中共一大宣告中国共产党正式成立，这宛如开天辟地一声惊雷，使中国革命的面貌、中华民族的面貌、中国社会的面貌焕然一新。

党的一大讨论通过了中国共产党第一个纲领和中国共产党第一个决议，明确“革命军队必须与无产阶级一起推翻资本家阶级的政权”，“承认无产阶级专政，直到阶级斗争结束”，“消灭资本家私有制”以及“联合第三国际”，旗帜鲜明地强调阶级斗争和革命路线，将社会主义和共产主义视为奋斗目标。尽管是最先进的社会思潮，但相较于庞大的群众数量，当时的马克思主义仍算“小众”，如何在用马克思主义武装知识分子、培养干部的同时将其与工人运动相结合？如何唤醒工人的阶级觉悟，以厚植党的群众基础？——这是党诞生初期面临的核心宣传问题。为应对当时的党“几乎完全由知识分子组成”的局面，党成立了产业工会与其他工人组织、学校和研究机构，强调向工会成员“灌输阶级斗争的精神”，重视加强对工人的宣传教育和动员，组织工人罢工。同时，党也重视面向农民、青年和妇女的宣传，号召农民打倒军阀、推翻贪官劣绅，引导青年学习马克思主义理论，启发妇女觉悟并培养妇女运动骨干。

党的宣传阵地如雨后春笋般涌现。早在1920年8月，上海共产主义小组已创办当时国内最早的工人通俗刊物《劳动界》。1921年9月，党创立人民出版社，通过出版马列著作以“为信仰不坚者祛除根本上的疑惑”并“和海内外同志图谋精神上的团结”。1922年1月，中国社会主义青年团机关刊物《先驱》在其发刊词中一针见血地指出，“军阀武人的专横不是他们的力量强大，实是我们国民的力量薄弱，实由国民还未觉悟的结果”。党的二大首次明确提出反帝反封建的民主革命纲领后，中共中央机关报《向导》周报、旅欧中国少年共产党机关刊物《少年》（后改名为《赤光》）月刊、湖南自修大学校刊《新时代》和党的理论刊物《新青年》季刊等陆续创建，推动“打倒列强，除军阀”成为广大群众的共同呼声。

京汉铁路工人大罢工失败后，党认识到此时的革命力量远不如帝国主义和封建主义势力强大，因此决定联合孙中山领导的中国国民党，推动建立国共联合战线。中国共产党第三次全国代表大会确立了以“党内合作”形式实现以国共合作为基础的统一战线后，中共中央发表《中国共产党对于时局之主张》，强调只有以民主的联合战线，继续革命，打倒军阀及军阀背后的外国势力，才是救济中国的唯一道路。党的宣传工作助力北伐军势如破竹，工会和农民协会迅速壮大，农村大革命与城市工人大罢工风起云涌，时评称“枪与笔联合起来，（北伐军）所以到处如入无人之境”。舆论工作为打击北洋军阀、推进工农运动、扩大党组织并壮大革命队伍作出了巨大贡献。

1927 年 4 月 12 日，以蒋介石为首的国民党右派在上海发动反对国民党左派和共产党的武装政变，7 月 15 日汪精卫以“分共”名义正式同共产党决裂，国共合作全面破裂，大革命宣告失败。此后国民党反攻倒算，纠集各路反动力量攻击共产党人和革命群众，党刚起步的舆论工作在一片白色恐怖中遭受重创。

土地革命时期：武装夺权，发动农民。

大革命的失败使中国共产党从正反两方面积累了深刻经验，开始在实践中探索马克思主义中国化的途径。此阶段的舆论工作得到恢复发展，紧紧围绕新方针政策，为“农村包围城市、武装夺取政权”的斗争路线提供了政治、思想与组织支持。

“枪杆子里面出政权。”1927 年 8 月 1 日，中国共产党领导南昌起义，打响了武装反抗国民党反动派的第一枪，揭开了党独立领导武装斗争和创建革命军队的序幕。为审查和纠正党在大革命后期的严重错误，决定新的路线政策，8 月 7 日，中共中央召开八七会议，确定了土地革命和武装起义的方针，“提出了整顿队伍、纠正错误而‘找到新的道路’的任务”，决定放弃“左派国民党”旗帜，用苏维埃的口号和土地革命旗帜取而代之。毛泽东批评党过去“不做军事运动专做民众运动”的偏向，提出“以后要非常注意军事。须知政权是由枪杆子中取得的”。

要想拿起枪杆子发展、保卫革命，必须“上山”“下湖”，广泛组织工农武装。1928 年 6 月至 7 月，中国共产党第六次全国代表大会在莫斯科召开，会议将工作中心从千方百计地组织暴动转到从事长期的艰苦的群众工作上来，明确了党的首要任务是争取群众。会议通过《宣传工作的目前任务》，强调“党的工作重心必须移至夺取广大工农兵群众与实施工农群众之政治训育”，要“增加对于扩大群众工作的注意”。在此基础上，党将扩大政纲宣传作为宣传当务之急，特别注意推进反帝国主义反国民党武装暴动与土地政纲，在群众中扩大马克思列宁主义宣传，加强国际宣传，力求将宣传工作具体化、群众化。

拿下农村这一“难啃的硬骨头”。1927年10月，毛泽东率领经“三湾改编”后的秋收起义部队上井冈山，开辟党领导的第一个农村革命根据地。偏僻农村山区封建思想盛行，民族意识淡薄，受国民党舆论封锁和恶意宣传影响较大。党重视加强根据地宣传工作：一方面教育红军士兵“为了自己和工农阶级而作战”，吃苦耐劳无怨言；另一方面做好群众宣传工作，深入村头巷尾，号召人民群众打土豪、分田地，投入土地改革运动。党还建立了“宣传兵”制度，一队负责挨家挨户口头宣讲，另一队则负责文字宣传，在军队经过的地方写满红军标语。许多群众有感而发：“红军一到，满街鲜红，等于过年。”党还重视加强对敌军的宣传教育，大部分俘虏被党医治、善待或释放后，选择金盆洗手、弃暗投明，自愿留下加入工农革命军，被资遣回去的也做了工农革命军政策的义务宣传员。党严于律己、以身作则，“三大纪律八项注意”等内部规定强化了军民团结，赢得了人民群众的衷心拥护，也提升了军队战斗力。此阶段党的舆论工作推动农村斗争与根据地建设呈现星火燎原、如火如荼之势。

“红军不怕远征难。”1934年10月，第五次反“围剿”失败后，中共中央、中革军委率中央红军主力 8.6 万多人进行战略转移，开始了两万五千里长征的伟大壮举。1935 年 1 月，党召开遵义会议，批评了博古、李德的“左”倾军事路线错误，事实上确立了毛泽东同志在党中央和红军的领导地位，开始确立以毛泽东同志为主要代表的马克思主义正确路线在党中央的领导地位。会议通过坚持真理、修正错误，确立了党中央的正确领导，创造性地制定和实施符合中国革命特点的战略策略，是红军长征的转折点，是中国革命由失败走向胜利的转折点，是中国共产党由幼年走向成熟的转折点。此后，红军部队斗志高昂、群情振奋，在党中央的正确方针政策指引下继续做“苏维埃的宣传者与组织者”，并在沿途积极做群众工作。

除了对内鼓舞士气、凝聚共识，面对国民党在国际上大搞“舆论战”、肆意抹黑红军形象，党中央还开辟拓展了舆论宣传的“海外战场”，借共产国际平台为红军正名。陈云同志在党在巴黎主办的《全民月刊》上连载的《随军西行见闻录》，以亲历者的身份、旁观者的视角生动地描述了中央红军自江西出发直至胜利渡过泸定桥的传奇经历，是最早介绍长征和毛泽东、朱德、周恩来等中共领导人和红军领袖的纪实作品，不仅让世人深入了解中国共产党和中国工农红军，亦为实现第二次国共合作、建立抗日民族统一战线奠定了舆论基础。

抗日战争时期：同仇敌忾，救亡图存。

九一八事变后，中日民族矛盾逐渐超越国内阶级矛盾上升为主要矛盾，中国共产党秉持民族大义，站在了全国斗争的最前沿。此阶段党的宣传工作重在推动国共合作、凝聚全民族意志，高喊出撼天震地的救亡图存之音。

1931 年 9 月 18 日夜，日军炸毁沈阳柳条湖附近南满铁路路轨，却倒打一耙，诬陷是中国军队所为，趁机炮轰东北军驻地北大营，悍然发动蓄谋已久的侵华战争。当时国民党政府奉行“攘外必先安内”的不抵抗政策，黎民百姓沦为“刀俎上的鱼肉”。九一八事变爆发后，中共满洲省委常委聚集在沈阳小西边门附近的一处民宅内召开紧急会议，不到 24 小时后便发表了《中共满洲省委为日本帝国主义武装占领满洲宣言》，它不仅是中国第一份抗日宣言，也是世界反法西斯第一份宣言。该宣言怒斥日本帝国主义谎言，向广大工农兵劳苦群众发出呼吁：“唯一的出路久已摆在我们面前了！伟大的任务久已放在我们肩上了！只有我们以英勇的斗争能完成它！”1931 年 9 月 20 日，中共中央发表《中国共产党为日本帝国主义强暴占领东三省事件宣言》，一面谴责国民党和各派军阀“无抵抗主义”“出卖民族利益”，一面号召全国工农劳苦群众武装起来，反对日本侵略和国民党反动统治。在民族危难时刻，中国共产党发出了抵抗日寇的第一声怒吼，担负起抗击日军的伟大使命。

在国家生死存亡之际，中国共产党以民族利益为重，不计前嫌，倡导并推动第二次国共合作，推动建立抗日民族统一战线，为抗战胜利打下了坚实的政治基础。1935 年 8 月，中共驻共产国际代表团草拟了《中国苏维埃政府、中国共产党中央为抗日救国告全体同胞书》，即著名的《八一宣言》。该宣言提出“抗日救国”口号，号召“有钱的出钱，有枪的出枪，有粮的出粮，有力的出力，有专门技能的贡献专门技能”，呼吁全国各党派、各军队、各界同胞应以“兄弟阋于墙，外御其侮”的觉悟“停止内战，以便集中一切国力去为抗日救国的神圣事业而奋斗”，标志我党建立抗日民族统一战线的策略路线基本形成。1935 年 12 月瓦窑堡会议后，党继续宣传统一战线，用和平方式解决西安事变，迫使蒋介石作出“停止剿共，联红抗日”的承诺。1937 年 7 月 7 日，日军悍然挑起卢沟桥事变，全民族抗战由此爆发。1937 年 8 月，中共中央在洛川会议上通过《抗日救国十大纲领》，正式形成了党的全面抗战路线；9 月，国民党中央通讯社公布《中共中央为公布国共合作宣言》，蒋介石发表《对共产党宣言的谈话》，在事实上承认了中国共产党的合法地位，宣告国共两党重新合作与中国抗日民族统一战线形成，全民族抗战的烽火燃遍全国。

抗战进入相持阶段后，国民党顽固派开始消极抗日、积极反共，不断制造与中共及其领导的人民军队的摩擦，掀起反共高潮。毛泽东在1940年间先后起草了《目前抗日统一战线中的策略问题》《放手发展抗日力量，抵抗反共顽固派的进攻》《论政策》等重要文件，全面阐述了党在抗日民族统一战线中的策略方针和各项基本政策。党中央提出了“发展进步势力，争取中间势力，孤立顽固势力”的基本政策，揭批国民党破坏抗战、倒行逆施的真面目，坚决用舆论手段配合军事行动，破解其“溶共”“防共”和“限共”的险恶用心，连续打退和制止了国民党三次反共高潮。

毛泽东曾说:“一首抗日歌曲抵得上两个师的兵力。”抗战期间，党领导文艺工作者与人民群众，创作了无数脍炙人口的爱国救亡文艺作品。中华人民共和国国歌《义勇军进行曲》正诞生于这一时期。九一八事变后，东北爱国官兵与群众组成东北抗日义勇军奔赴前线，其“捐躯赴国难，视死忽如归”的抗战事迹催生了大批抗日救国誓词、军歌，其中即包括《义勇军誓词歌》:“起来！起来吧，不愿做亡国奴的人们！山河碎，家园毁，父母成炮灰，留着我们的头颅有何用？拿起刀枪向前冲！杀！杀！杀！”誓词铿锵激昂、极富感召力。义勇军们的事迹成为爱国音乐家田汉、聂耳后期创作《义勇军进行曲》的素材与灵感来源。1934年春，田汉完成歌词创作后即被国民党反动派逮捕入狱，聂耳亦在躲避国民党政府追捕的颠沛流离中完成了曲谱定稿。《义勇军进行曲》一经完成迅速唱遍大江南北、长城内外，成为激励全民族抗日图存的最强音。

解放战争时期：争取和平，解放中国。

抗战胜利后，全国人民迫切需要和平安定的环境来休养生息、重建家园。党从人民根本愿望出发，主张团结一切爱国民主力量，避免内战、实现和平。国民党冒天下之大不韪悍然发动内战后，中国共产党积极迎战，并通过舆论攻势迎击并瓦解敌军。

1945 年 9 月 3 日，中国人民经过十四年不屈不挠的浴血奋战，打败了穷凶极恶的日本军国主义侵略者，取得了中国人民抗日战争的伟大胜利。这是近代以来中国人民反抗外敌入侵持续时间最长、规模最大、牺牲最多的民族解放斗争，也是第一次取得完全胜利的民族解放斗争。

举国欢庆的背后却涌动着险恶的暗流。在美帝国主义的支持下，长期躲在西南后方坐待胜利的蒋介石妄图篡夺抗战胜利果实，积极反共备战，连续三次电邀毛泽东赴重庆“共定大计”，还打好了如果谈判不成就将责任强加给中共的“如意算盘”。对此，党中央提出“蒋反我亦反，蒋停我亦停”的方针，发表《对目前时局宣言》，明确提出“和平、民主、团结”三大口号；毛泽东、周恩来等亲赴重庆进行和平谈判，会见各方人士，向海内外展示党谋求和平的真诚愿望，受到舆论的热烈赞誉。

国共双方《双十协定》签订后不久，国民党当局即背信弃义，发布进攻解放区密令，我党领导解放区军民英勇自卫，开启了伟大的人民解放战争。中共中央宣传部要求通过宣传攻势，揭露国民党破坏《双十协定》的真面目，发出《关于对国民党军队进行宣传攻势的指示》，并进一步提出“为取得全国人民对我同情，我们的广播仍须集中于报导国民党对我进攻的消息”。

全面内战开始时敌强我弱，党内存在不少悲观情绪，不敢用革命的手段反击国民党反动派的进攻。1946 年 8 月，在国民党百万大军猛烈进攻关内各战场之际，毛泽东在杨家岭窑洞前一棵苹果树下会见了第五次到访中国的美国进步作家和记者斯特朗，他满怀信心地表示，“一切反动派都是纸老虎。看起来，反动派的样子是可怕的，但是实际上并没有什么了不起的力量。从长远的观点看问题，真正强大的力量不是属于反动派，而是属于人民”“拿中国的情形来说，我们所依靠的不过是小米加步枪，但是历史最后将证明，这小米加步枪比蒋介石的飞机加坦克还要强些”。谈话结束后，经毛泽东同意，斯特朗向全世界传播了“纸老虎”论断，极大地增强了党和人民同国民党反动派作斗争的勇气与信心。

解放战争中，我党我军在军事战场外，还通过舆论战与心理战瓦解敌军。1945 年 12 月，中央军委在关于粉碎国民党大规模军事进攻的指示中明确指出：“应抓紧国民党一切罪恶行为与铁的事实，坚持自己和平民主立场，向国民党军有系统的、猛烈的开展政治攻势与争取杂牌、中间势力联系起来，号召他们反内战的起义，逃跑回家和到解放区来，参加和平民主的新中国事业。”党先后开办《对国民党军广播》《对蒋军官兵讲话》《放下武器的蒋军军官介绍》《放下武器的蒋军军官给家属的信》等广播节目，通过发传单、贴标语、火线喊话、遣返俘虏等方式动摇敌军军心，利用国共高级将领间的师生同窗关系广泛开展对敌争取工作，使诸多国民党官兵认清了出路所在。据不完全统计，从1945 年 8 月至 1949 年 10 月，国民党军起义、投诚、接受和平改编的官兵总数达 177.3 万人，占国民党军总兵力的 1/5 ，凸显了解放军作为正义之师的号召力与我党舆论战的极佳效果。

在解放战争胜局已定的形势下，党于 1949 年 3 月在西柏坡召开中共七届二中全会，毛泽东告诫全党，夺取全国胜利，这只是万里长征走完了第一步。中国的革命是伟大的，但革命以后的路程更长，工作更伟大，更艰苦。为此，毛泽东提出“两个务必”思想，即“务必使同志们继续地保持谦虚、谨慎、不骄、不躁的作风，务必使同志们继续地保持艰苦奋斗的作风”。这些告诫如警钟、似重鼓，敲击着每一个共产党员的心灵。数十天后，中共中央动身前往北平，开启进京“赶考”之路。1949 年 9 月，中国人民政治协商会议第一届全体会议在北平召开，标志着一百多年来中国人民争取民族独立和人民解放运动取得历史性的伟大胜利，“占人类总数四分之一的中国人从此站立起来了”。初生时零散的红色星火，终划破长夜，昭示着党和人民迎来了期盼已久的黎明。

新中国成立与社会主义革命和建设时期：推进改革，保家卫国。

1949 年 10 月 1 日，中华人民共和国成立，彻底改变了近代以后一百多年来中国积贫积弱、受人欺凌的悲惨命运，开启了中华民族伟大复兴的历史新纪元。此阶段党的舆论工作重在宣传推进各项改革措施、服务抗美援朝战争，为建立社会主义政治经济制度、提升新中国的国际威望和地位提供了坚实的政治与思想保障。

在开国大典的礼炮声中，国民党残余部队仍在西南、华南和沿海岛屿负隅顽抗，解放军以风卷残云、雷霆万钧之势扫荡残敌，在新解放区全面开展由军队、地方和人民群众紧密配合的大规模剿匪行动。随着人民解放军的胜利进军，地方各级人民政府迅速建立起来，彻底打碎国民党反动统治机器，初步形成上下贯通、集中高效、具有高度组织动员能力的国家行政体系。人民民主政权成为中国历史上不曾有过的、真正得到人民拥护的、在全国范围内有效行使权力的政权。党还领导广大新解放区进行了废除封建土地制度的改革。1950 年 6 月，毛泽东在全国人民政治协商会议第一届全国委员会第二次会议上号召各民主党派、各人民团体、各界民主人士等“打通思想，整齐步伐，组成一条伟大的反封建统一战线”，像过好战争关一样，过好“土改关”。《中华人民共和国土地改革法》公布实施后，党和人民政府广泛宣传土地改革的合理性、必要性和目的性，让土地改革法令和方针政策深入人心。

党的宣传还在经济金融、社会文化等其他领域深入开展。在经济金融领域，党号召打击投机资本、稳定物价并统一财经工作，为结束恶性通货膨胀、恢复和发展生产创造了有利条件。党政机关内部也开展了清查党内贪污浪费、打击不法资本家违法活动的“三反”与“五反”运动，有力地抵制了旧社会恶习和资产阶级腐朽思想，有助于形成清正廉洁的党风政风与社会风气。在社会文化领域，党通过群众喜闻乐见的形式推动移风易俗，宣扬解除封建思想桎梏，引起了群众的强烈共鸣。“百花齐放、百家争鸣”方针的提出推动了文艺事业的发展繁荣，使社会主义思想道德和文化建设迎来高潮，人民群众至今仍耳熟能详的《红色娘子军》《林海雪原》《小兵张嘎》《英雄儿女》等即是其中的优秀作品。

在百废待兴、各项改革运动全面铺开之际，朝鲜战争爆发，以美国为首的所谓“联合国军”悍然越过“三八线”，打到中国边境鸭绿江边。中朝毗邻而居，可谓“辅车相依，唇亡齿寒”，在逼至眼前的帝国主义威胁下，党毅然作出“抗美援朝，保家卫国”的伟大决策。为使全国人民正确地认识当前形势，确立胜利信心，中共中央发布《关于在全国进行时事宣传运动的指示》《关于开展抗美援朝运动的指示》和《关于报道抗美援朝保家卫国运动内容的指示》等文件，围绕支援中国人民志愿军、抗美援朝运动进行宣传，发动群众控诉美帝暴行，约请民主人士、学者讲演，有力地回击了“恐美畏美”心理和“避战旁观”观念，提高了各阶层广大群众对美帝国主义侵略本质的认识和政治觉悟，增强了群众的民族自尊心和自信心。1951 年“五一”劳动节前后，约 2.3 亿人参加了抗美援朝示威游行，占全国总人口 39% 以上。至 10 月，仅北京、天津、上海、河北等地，就有 80% 以上人民群众订立了爱国公约。党也积极调动群众捐款捐物、参军参战、尊军拥军，这些舆论工作对战争的胜利起到了直接促进作用。

在建国之初的外宣战线，根据当时的历史现实和国际环境，党提出“另起炉灶”“打扫干净屋子再请客”“一边倒”三条基本方针和“互相尊重领土主权（在亚非会议上改为互相尊重主权和领土完整）、互不侵犯、互不干涉内政、平等互惠（在中印、中缅联合声明中改为平等互利）、和平共处”五项原则，引起强烈国际反响。20 世纪 50 年代中期至 60 年代中期，在美苏冷战正酣、社会主义与资本主义阵营内部矛盾愈发显现之际，中国面临来自多方的公开的和潜在的侵略威胁、战争挑衅和军事压力。对此，党在同美国对抗、同苏联论战的过程中，积极争取广大“中间地带”，发展同亚非拉国家的关系。党在不同阶段的对外舆论工作维护了国家主权、领土完整与民族尊严，打破了美西方国家对华遏制与封锁，有力地改变了中国外交孤立局面，进一步凝聚党领导下全民共同建设社会主义中国的统一意志，并为推动世界和平、促进世界经济繁荣发展和维护全人类共同利益作出了巨大贡献。

改革开放与社会主义现代化建设新时期：解放思想，与时俱进。

“文化大革命”结束后，党推进解放思想和拨乱反正工作，大力开展改革开放宣传教育，并从新的实践与时代特征出发，形成了中国特色社会主义理论体系，实现了马克思主义中国化时代化新的飞跃。此阶段党的舆论宣传工作在实践中不断拓展，为改革开放和社会主义现代化建设提供了强大的思想保证、精神动力、舆论支持和文化条件。

十年动乱中的“左”倾错误严重地束缚了广大干部群众，“文化大革命”结束后两年也未得到彻底纠正，实事求是与“两个凡是”激烈交锋，党和国家工作在思想混乱中艰难徘徊前行。在邓小平和其他老一辈革命家的支持下，党的干部和理论工作者撰写了《实践是检验真理的唯一标准》，重申了马克思主义认识论的基本原理：社会实践不仅是检验真理的标准，而且是唯一的标准。此文在广大干部群众中激起强烈反响，全党全社会展开了关于真理标准问题的大讨论，形成了一股思想解放的洪流。

1978 年 12 月 18 日至 22 日，党的十一届三中全会在北京召开。全会冲破长期“左”的错误的严重束缚，彻底否定“两个凡是”的错误方针，高度评价关于真理标准问题的讨论，重新确立马克思主义的思想路线、政治路线、组织路线，标志着粉碎“四人帮”后党和国家工作在徘徊中前进的局面的结束，历史的车轮驶入了改革开放和社会主义现代化建设的正确轨道。十一届三中全会后，党坚持解放思想、实事求是、与时俱进、求真务实，形成了包括邓小平理论、“三个代表”重要思想和科学发展观在内的中国特色社会主义理论体系，实现了马克思主义中国化时代化的新飞跃，深化了我们党对共产党执政规律、社会主义建设规律、人类社会发展规律的认识，为全党和全国各族人民提供了强大的思想保证和理论武装，丰富了马克思主义的理论宝库。

20 世纪 90 年代初期，苏联解体、冷战结束，社会主义在世界范围内的实践陷入低潮，全球单极化趋势日益显露。在此背景下，1992 年 1 月，88 岁高龄的邓小平从北京坐上南下的列车，历时 35 天，跨越 6000 多公里，先后视察武昌、深圳、珠海、上海等地，边走边讲，发表一系列重要谈话。邓小平指出，革命是解放生产力，改革也是解放生产力；改革开放胆子要大一些。他还指出，计划多一点还是市场多一点，不是社会主义和资本主义的本质区别；要抓住时机，加快发展，发展才是硬道理。邓小平的南方谈话从理论上深刻回答了长期困扰和束缚人们思想的许多重大问题，是把改革开放和现代化建设推向新阶段的又一个解放思想、实事求是的宣言书。

20 世纪末，党和政府围绕港澳回归与台湾问题开展了诸多宣传教育活动，激发了全党全国各族人民的爱国主义热情。1997 年 1 月，江泽民在会见全国宣传部长会议代表时指出，宣传思想战线要紧紧围绕恢复对香港行使主权和党的十五大召开这两件关系全局的大事，扎扎实实地做好工作。1997 年 6 月 30 日午夜至 7 月 1 日凌晨，中英两国政府举行香港政权交接仪式，中国国际广播电台连续 3 个半小时用英语、普通话和广州话直播政权交接现场，这在我国对外广播史上为首次。1999 年 12 月 19 日午夜至 20 日凌晨，中葡两国政府举行澳门政权交接仪式，人民日报、新华社、中国新闻社、中央电视台、中央人民广播电台、中国国际广播电台等主要新闻单位组成庞大的采访报道团队，与全国人民共同见证这一伟大历史时刻。举国上下齐欢腾，中华儿女的民族自豪感和自信心得到极大提振。1992 年 11 月，海峡两岸关系协会与海峡交流基金会达成“海峡两岸同属一个中国，共同努力谋求国家统一”的“九二共识”；此后中国政府先后发表《台湾问题与中国的统一》《一个中国的原则与台湾问题》白皮书，全面系统阐述了解决台湾问题的基本方针和有关政策，重申了台湾是中国的一部分的事实和现状，展现了中国共产党和中国人民追求祖国统一的坚定意志和坚强决心。

社会主义核心价值观和文化建设也进入了新发展阶段。2006年10月，党的十六届六中全会通过《中共中央关于构建社会主义和谐社会若干重大问题的决定》，首次提出“建设社会主义核心价值体系”的重大命题和重大战略任务。2008年1月，胡锦涛在同全国宣传思想工作会议代表座谈时指出，加强社会主义核心价值体系建设，巩固马克思主义指导地位，坚定共同理想信念，强化精神支柱，弘扬基本道德规范，对于我们这样一个拥有13亿多人口、56个民族的发展中大国具有特殊重要的意义。在中央指示下，全民思想政治教育与思想道德建设深入开展，提升了社会文明程度和公民道德素质。党中央还高度重视发展中国特色社会主义文化、深化文化体制改革，使文化领域整体面貌和发展格局焕然一新，文化建设开创新局面，走出了一条中国特色社会主义文化发展道路。2008年北京奥运会既是一场无与伦比的体育盛会，也是中华传统与现代文化的宣传与展示窗口，“同一个世界，同一个梦想”响彻全球，强大而热爱和平的中国正自豪地屹立于世界民族之林。

中国特色社会主义新时代：高举旗帜，迈向复兴。

2012年11月8日至14日，党的第十八次全国代表大会召开。党的十八大是在我国进入全面建成小康社会决定性阶段召开的一次十分重要的大会，自此中国特色社会主义进入新时代。党的舆论战线紧紧围绕“两个一百年”的奋斗目标和中华民族伟大复兴的中国梦，坚持用习近平新时代中国特色社会主义思想武装全党、教育人民、指导实践，营造良好舆论环境，为治国理政和定国安邦提供坚实保障。

高举旗帜聚思想，凝心铸魂强根基。党中央高度重视舆论工作，推动建设具有强大凝聚力和引领力的社会主义意识形态。十八大以来，党坚持把马克思主义基本原理同中国具体实际相结合、同中华优秀传统文化相结合，科学回答了新时代坚持和发展什么样的中国特色社会主义、怎样坚持和发展中国特色社会主义等重大时代课题，创立了习近平新时代中国特色社会主义思想。2013 年 8 月，习近平总书记出席全国宣传思想工作会议并发表重要讲话，高屋建瓴地指出：“宣传思想工作就是要巩固马克思主义在意识形态领域的指导地位，巩固全党全国人民团结奋斗的共同思想基础。”2017 年 10 月 18 日至 24 日，中国共产党第十九次全国代表大会在北京召开。这是在全面建成小康社会决胜阶段、中国特色社会主义进入新时代的关键时期召开的一次十分重要的大会。大会着眼中国特色社会主义事业长远发展，郑重提出习近平新时代中国特色社会主义思想，并把这一思想确立为党必须长期坚持的指导思想，写进党章，实现了党的指导思想的又一次与时俱进。作为当代中国马克思主义、21 世纪马克思主义，作为中华文化和中国精神的时代精华，习近平新时代中国特色社会主义思想坚持把马克思主义基本原理同中国具体实际相结合、同中华优秀传统文化相结合，系统深入地回答了关系党和国家事业发展、党治国理政的一系列重大时代课题，以全新视野深化了对共产党执政规律、社会主义建设规律、人类社会发展规律的认识，是全党全国各族人民的思想之旗、精神之魂，是党和国家必须长期坚持的指导思想。《习近平谈治国理政》第三卷和《习近平新时代中国特色社会主义思想学习纲要》等的出版发行，推动了广大干部群众深入学习领会习近平新时代中国特色社会主义思想，切实用党的创新理论武装头脑、指导实践、推动工作。2022 年 10 月 16 日至 22 日，党的第二十次全国代表大会召开，党的二十大是我国迈上全面建设社会主义现代化国家新征程、向第二个百年奋斗目标进军的关键时刻召开的一次十分重要的大会，举国关注、世界瞩目。党的二十大深刻阐述了习近平新时代中国特色社会主义思想的科学内涵和精神实质，深入阐释了开辟马克思主义中国化时代化新境界的重大命题并提出了明确要求，具有重大理论意义。

在中央决策部署下，全党全国认真学习贯彻宣传习近平新时代中国特色社会主义思想和党的二十大精神。把党的创新理论转化为坚定理想、锤炼党性的指导实践、推动工作的强大力量。新时代以来，从庆祝中国共产党成立100周年、中华人民共和国成立70周年、改革开放40周年，到全面建成小康社会、成功举办北京冬奥会和冬残奥会，党中央开展一系列重大主题宣传活动，奏响了奋斗新时代的昂扬主旋律，传播了凝心聚魂的正能量。

人民立场守初心，鼓舞士气促团结。习近平总书记强调："党性和人民性从来都是一致的、统一的。"既要坚持正确政治方向，坚定宣传党的理论和路线方针政策，也要树立以人民为中心的工作导向，坚持以民为本、以人为本，把实现好、维护好、发展好最广大人民根本利益作为出发点和落脚点。

其一，回应人民群众关切，切实解决急难愁盼问题。近年来网络成为新闻舆论主阵地，网络舆情发酵的背后往往是事关民生民情的呼声。习近平总书记强调，领导干部要学网、懂网、用网，了解群众所思所愿，收集好想法好建议，积极回应网民关切。为贯彻落实习近平总书记重要指示精神，"十四五"规划编制工作开展网上意见征求活动，分别在人民日报、新华社、中央广播电视总台所属官网、新闻客户端以及"学习强国"学习平台开设"十四五"规划建言专栏，累计收到网民建言超过101.8万条，为做好"十四五"规划编制工作提供了有益参考。

其二，聚焦伟大奋斗，宣传先进典型。习近平总书记提出，要"多宣传报道人民群众的伟大奋斗和火热生活，多宣传报道人民群众中涌现出来的先进典型和感人事迹，丰富人民精神世界，增强人民精神力量，满足人民精神需求”。被誉为“中国人的年度精神史诗”的《感动中国》栏目彰显出平凡英雄铸就的精神丰碑。文艺工作者亦以人民为画笔、以时代为画卷，《我们这十年》《大考》《县委大院》等优秀主旋律影视作品频频“出圈”，在年轻观众中产生强烈共鸣。

其三，直面重大考验，凝聚中国力量。在世纪疫情肆虐下，以习近平同志为核心的党中央高度重视舆论引导工作，加大权威信息发布力度，加强政策措施宣传解读，使全党全社会充分认识到党中央集中统一领导、集中力量办大事的制度优势，认识到党中央以人民为中心、人民生命健康高于一切的价值取向，认识到党中央处理急难险重任务能力的大大提升，认识到中华民族“一方有难、八方支援”的优良传统和强大凝聚力、向心力。新闻工作者们奋战在抗疫前线，采写刊播了诸多鼓舞人心、感人肺腑的报道，增强了全国人民战胜疫情的决心和信心。党的舆论工作凝聚起了14亿多人民群众的伟力，铸就了众志成城、共克时艰的强大正能量。

澄清谣诼正视听，讲好故事塑形象。习近平总书记在党的二十大报告中强调：“加快构建中国话语和中国叙事体系，讲好中国故事、传播好中国声音，展现可信、可爱、可敬的中国形象。”中国特色社会主义进入新时代与世界百年未有之大变局同步交织、相互激荡，党中央统筹发展全局，强调对外宣传工作的重要性与必然性。

一是澄清谬误、明辨是非。近年来，以美国为首的部分西方国家加大对中国的抹黑与攻击力度，大肆渲染所谓“中国威胁论”等，炮制涉疆、涉藏、涉港谎言，甚至意图在台湾问题上复制俄乌冲突舆论陷阱。对此，中国强势回击并加强引领塑造，强调中国人民捍卫国家统一和领土完整，维护民族利益和国家尊严的信念高度一致，决心坚如磐石，敦促部分国家切实尊重中方核心利益和重大关切。中国政府发布的《美国对华认知中的谬误和事实真相》等官方文件，列举美西方国家对华认知谬误，揭露其对华政策的欺骗性、虚伪性和危害性。中国媒体与智库学者也积极撰文发声，批驳美西方国家的错误政策，加强引领塑造，向世界传递坚定的中国立场。

二是联接中外、沟通世界。习近平总书记强调：“要不断提升中华文化影响力，把握大势、区分对象、精准施策，主动宣介新时代中国特色社会主义思想，主动讲好中国共产党治国理政的故事、中国人民奋斗圆梦的故事、中国坚持和平发展合作共赢的故事，让世界更好了解中国。”对此，中国提出共建“一带一路”倡议，以聚焦互联互通，深化务实合作，携手应对人类面临的各种风险挑战，实现互利共赢、共同发展。该倡议展现了中国共产党致力于增进全人类共同福祉的天下情怀，得到国际社会广泛响应和支持。十年来，中国已与150多个国家、30多个国际组织签署了200多份共建“一带一路”合作文件，覆盖中国83%的建交国。同时，中国于2021年、2022年与2023年相继提出“全球发展倡议”“全球安全倡议”和“全球文明倡议”，有力彰显了中华文明鲜明的自主性、包容性、和平性精神底色，反映了新时代中国鲜明的全球治理观，为完善全球发展和安全治理体系、消弭人类发展赤字和和平赤字、促进人类文明交流互鉴贡献了中国智慧，对全球发展和安全事业作出了重大贡献。

参考文献

1 《习近平谈治国理政》第四卷，外文出版社2022年版。

2 《毛泽东选集》，人民出版社1991年版。

3 中共中央宣传部编著：《中国共产党宣传工作简史》，人民出版社2022年版。

4 [美]埃德加·斯诺著，王涛译：《红星照耀中国》，长江文艺出版社2018年版。

4

第四章

国际舆论东西风

国际舆论场的发展变化与现代化和全球化进程息息相关。在现代媒体发展的初级阶段，报纸、广播和电视等大众媒体是主要的舆论传播工具。一批发源于西方国家的传统严肃媒体，逐渐享有全球影响力，并形成垄断的特定公共空间。20 世纪 90 年代以来，网络通信技术融合发展，社交媒体快速崛起，使得舆论传播更为迅捷和广泛。新兴媒体打破了传统媒体的信息传播壁垒，更多的声音得以传播扩散。

西方国家长期占据国际舆论场中心地位，通过西方主流媒体和多边机构向外界传播其价值观和观点。然而，随着新兴经济体和非西方国家的崛起，西方的话语霸权正面临挑战，多元化的国际舆论场正在形成，美国、英国等传统玩家影响力犹在，俄罗斯、卡塔尔、印度等新兴国家亦主动迎战，舆论场中的竞争与合作同时存在，彼此影响、相互交织。

国际舆论基本形态

东西方语境是国际舆论场的基础结构，也是研究国际舆论所面临的基本事实。

中国在国际舆论体系中身处劣势，如何实现舆论影响力与国家实力的匹配、突破现有西方舆论对我国的合围困境，具有重要现实意义。但什么是“国际舆论”？目前国内并没有一个商定的明确定义。广义的观点认为，国际舆论等同于全球舆论，即民族国家舆论的无差别集合。狭义的观点认为，国际舆论是特定舆论场中形成的国际社会“共识意见”，即代表“多数的意见”才算得上国际舆论。第三种观点则认为，国际舆论一般是指民族国家在国际公共空间对共同感兴趣的问题所形成态度和意见的总和。从实践层面而言，最后一种观点更为贴近当下中国实际，国内相关研究主要从中国在国际舆论体系中的劣势地位出发，高度结合当前实践和现实需求，分析某一事件或对象在国际舆论中的具体呈现、国际舆论博弈现状、如何提升中国国际舆论传播力和话语权等。

国际舆论的内涵在中西方语境中不尽相同。中国认为国际舆论应是整体国际社会舆情民意的反映，既涵盖发达国家，更包含广大发展中国家；既有现存西方主流媒体的主要观点观念，更应有中小国家和国际底层民众的心声。而西方社会，尤其是所谓的“精英阶层”更倾向于关注西方媒体对国际问题的主导性、垄断性观点，以及西方强权视角下发展中国家的“民意”。西方学界并未将“国际舆论”视为一种体系化、机制化的专门研究对象，而是着重探究某一具体议题的国际意见、态度、价值观等，如围绕伊拉克战争、气候变化等问题所作的全球性、区域性民意调查，意在比较西方和非西方世界的观点异同及背后缘由。差异化的研究现状正是中西方国际舆论态势不均衡不平等的现实映射。现实中，西方国家以推广西方价值观为使命，自视占据“国际道义高地”，通常是主动塑造国际舆论的一方，受到的外部舆论影响和干扰远少于发展中国家。

国际舆论并不反映全面真实。国际意见本质是分散的，不同国家地区民众对国际问题的关注点、认知、态度大相径庭，难以形成统一的共同意见。国际舆论并非是现实世界自然状态的镜像呈现，或各国舆论的加成，而是国内舆论与国家间舆论有机作用的结果，其背后则是一个强大的、长期动态运行的国际舆论体系，通过这一体系实现信息的筛选、加工和扩散，将有限的全球注意力引向特定事件和问题，把分散的国际意见汇聚为融合的声音，并不断向外辐射传播，在引导国际社会关注点的同时，还影响国际社会关注的方式，最终形成国际舆论。

国际舆论的行为主体复杂多元。根据功能的不同，可分为提供内容的信息供应者和提供传播渠道的信息平台。信息供应者既可以是制造新闻事件的当事人，也可以是信息生产者、加工者、评论者、扩散者，通常包括政府机构、国际组织、非政府组织、研究机构、新闻媒体、有影响力的群体和个体等。信息平台主要指把控大众传播渠道的媒体平台。在现代媒体发展的初级阶段，报刊、电台、电视台等专业化的大众传播媒体既是信息的生产者，又是传播渠道的垄断者。纸媒占据发行渠道，电视台、电台占据牌照、电波资源。大众媒体完成信息生产加工后，再通过产业化的传播手段向社会提供。随着信息技术的兴起，相关主体的功能和行为方式发生相应变化，新兴社交媒体平台的枢纽作用日益凸显，舆论传播日趋扁平化。但难以改变的是，行为主体抱持的价值倾向和利益取向，仍与其代表的国家或组织具有高度一致性。

国际媒体是国际舆论的主阵地。传统媒体是主要信息把关人，依据自身政治立场和事件本身的显著性、重要性、接近性、趣味性等综合属性，在众多事件和信息中选取具有知悉意义的内容报道传播。在选择事实外，传统媒体还同时进行角度选择、意义选择和价值选择。社交媒体兴起后，传统媒体仍是国际舆论的关键参与方，尽管渠道控制力变弱，但内容供应能力并未削弱，尤其在政治属性较强的国际报道领域，传统媒体仍发挥守望者和把关人作用。社交媒体则日渐发展成为国际舆论的。传统媒体和社交媒体构成的有机体系，成为当前国际舆论的主阵地，定义全球热点重点问题，主导国际舆论的流向，最终完成国际舆论的议程设置，形成国际舆论压力，影响公众认知甚至是国家决策。

在国际舆论场中，英语成为事实意义上的通用语言。文字语言是国际舆论最基础的载体。语言不通则传播效果大打折扣，同一内容即便经过翻译，文化间差异也极大影响信息的接收。英语是全世界使用范围最广的语言，70 余个国家将英语列为官方语言，英语学习者和爱好者遍及全球，主要国际组织也多将英语设置为官方语言。英语广泛使用的背后，是英美两代全球霸主，通过多年殖民和全球扩张，在世界经济和文化事务中建立起的支配地位。20 世纪美国的崛起，更巩固了英语在二战后国际交往中的主导地位。对于非英语国家民众而言，在寻求国际意见时，英语信息通常是其在母语信息以外，第一位甚至是唯一的选择。以至于有意见认为，当前国际舆论场近乎等同于英语舆论场。英美媒体成为理所当然的国际主流媒体、信息枢纽。非英语国家纷纷开设英文媒体。二十国集团中的非英语国家，如俄罗斯、法国、德国、意大利、日本、韩国等，都设有国家背景的 24 小时英语新闻频道，影响力较大的有“法国 24”新闻台、“德国之声”电视台、“今日俄罗斯”电视台等。中国也依托新华社、中央广播电视总台、中国日报社等媒体，建构起覆盖通讯社、电视台、广播电台、报纸、网站、社交媒体等多种形式的对外英语新闻体系。

分化是国际舆论的必然属性。国际舆论是在一定社会环境中传播的，具有政治属性和跨文化属性。语言文化、历史传统、社会制度、意识形态、经济发展水平等皆是国际舆论形成和传播的社会背景。不同民族国家、不同社会环境的受众就某一特定国际问题或议题的描述、解读和看法可能不同甚至对立，从而造成国际舆论的分化。要营造于己有利的国际舆论，相关行为体则需推动自身叙事向国际舆论转化。转化和传播能力强，则可向外输出议程、意见和观点，把自身叙事变成国际舆论的主流叙事，抑制异见声音，影响国际社会的认知态度。反之，则可能“有理说不出、说了传不开”，对外声音遭到削弱甚至压制。

西方国家长期掌控国际话语权。以美国为首的西方国家，凭借国家实力和建立在西方历史殖民体系和战后不平等的国际秩序基础之上的强大传播能力，掌控国际话语霸权，主导全球议程，塑造国际舆论，定性国际事件，裁决国际事务，以服务本国利益。阿富汗战争和伊拉克战争时期，美国粉饰自身侵略行为，美化战后重建效果，当地真实情况难以传出，体现出美国对国际叙事的绝对控制。由此可见，美西方话语霸权操纵的国际舆论，是政治霸权之下的扭曲异化，并不反映全面真实。

西方媒体密织信息供应网络。国际报道具有高度集中和垄断的特性，全球绝大多数媒体的国际报道，源自对信息供应商一手报道的转载和引用。自采国际报道成本不菲，仅维持全球站点运行就是一笔不小的开支，直接经济回报却有限，具备从业实力的媒体仅是少数。高昂的报道成本和准入门槛预示着国际报道规模化、集中化发展的必然。凭借雄厚的资金、资源和技术支持，西方发达国家编织起密集的全球新闻采编网络。西方媒体海外站点设置数、外派记者人数、全球采访资源均占据优势，报刊发行量、媒体信号覆盖率、节目制作时长等也远在发展中国家之上，成为“全球南方”媒体长期性、系统性的信息来源。日本新闻协会研究所做过一项调查，统计了 14 个亚洲国家的 29 家主要报纸的国际报道来源。结果显示，这 29 家报纸国际新闻的原创报道比例仅为 20%，超过 60% 的新闻为转载或引用西方通讯社消息。清华大学国际传播研究中心分析得出：三大西方通讯社（美联社、路透社、法新社）、五大电视网 [美国有线电视新闻网、英国广播公司（BBC）、美国广播公司（ABC）、美国全国广播公司（NBC）、哥伦比亚广播公司（CBS）]、六大新闻报刊（《纽约时报》《华尔街日报》《华盛顿邮报》《经济学人》《时代》《新闻周刊》）是当今全球国际新闻的主要供应商。

对现行不平等国际传播秩序的挑战由来已久。在国际舆论体系中，西方国家长期占据中心地位，与发展中国家形成“中心—边缘”的不平衡信息流向。20 世纪 70 年代起，发展中国家便以联合国教科文组织为主要舞台，在多种国际机构和国际场合，展开与美英等发达国家的激烈论战，认为现有的国际传播秩序是罪恶的殖民地时代遗产，阻碍着各国间的自由传播与沟通，要求建立“新世界信息秩序”。1980 年，联合国教科文组织通过名为《多种声音，一个世界》的报告，反映发展中国家对改变现行国际传播秩序的立场、观点和要求。英美等西方发达国家则主张信息流通应绝对自由，不甘信息霸权遭受挑战。美国随后以退出联合国教科文组织表达不满，称该组织“过于政治化”，危及新闻自由和市场自由。报告通过至今近半个世纪，西强东弱的舆论格局和国际传播秩序并未得到明显改善，发展中国家对“信息主权”“国际话语权”的关注和担忧进一步加剧。

近年来，国际舆论场也出现一些新的变化。新兴媒体和业态正在推进国际舆论场朝更为多元、更为均衡的方向发展。

重心日益向社交媒体转移。互联网与通信技术结合催生的信息传播革命，将人类社会彻底引入信息时代。信息传播产生拐点式的转变，信息量、信息传播速度、处理速度和应用程度等都呈几何级数增长，从而影响公众的信息接收方式和对信息的理解。社交媒体一跃成为现代社会公众接收信息的主渠道。扁平化的信息传播结构，扩大了个人与组织的传播范围，提高了传播效率，能有效降低传播成本。推特（Twitter）、脸书（Facebook）等源自美国的社交媒体，愈发成为国际公共政治空间的重要舞台和国家间舆论博弈的重要阵地。各国政府均视社交媒体为对外宣传和塑造国家及领导人形象的重要平台，政治精英亲自上阵宣传发声现象突出。放眼全球，截至 2019 年，联合国 193 个成员国就有 182 个国家政府和领导人使用社交媒体，108 位国家元首、83 位总理和 88 位外交部长拥有个人脸书主页。

西降东升趋势明显。一方面，美西方国家国际感召力下滑。近年来，与中国稳定高效发展形成鲜明对比的是，美西方频繁陷入治理失效泥潭。经济上，发展动能下降，先后爆发系统性金融危机、债务危机。政治上，西方社会制度道路的国际吸引力下滑，民粹主义、反智主义愈演愈烈，甚至出现局部动荡和社会混乱。特别是自视为“民主灯塔”的美国，政治极化、内部撕裂不断加剧，种族问题、贫富差距等社会矛盾持续激化，政客为追求选票，一味迎合选民需求，追求短期可见的收益，民主失灵突出，制度弊端明显。在国际上，美国将自身发展出现的问题引向国外，“内病外治”“内祸外引”，以霸权和高压为手段，为维护自身发展利益，不惜损害他国利益，践踏国际规则秩序，大行“保护主义”，对外感召力不断下降。

另一方面，美西方媒体公信力也迅速下降。美西方媒体自诩追求“新闻自由”和“事实真相”，敢于揭露批判政府行为，是独立于政府“三权分立”之外的“第四权力”、服务社会大众的专业权威力量。在国际报道领域，美西方媒体亦鼓吹自身的“客观、中立”，试图长期充当国际社会“守望者”“监督员”和“裁判员”，把控国际舆论。在“新闻专业主义”技术手法包装下，美西方媒体的做法具有一定迷惑性。但实质上，西方媒体在维护党派利益、国家利益时，政治光谱鲜明，既有成见明显。随着百年变局加速演进，近年来西方国家内部矛盾突显，西方媒体的政治属性较以往更为突出。以美国为例，对内，美国自由派和保守派媒体分别代表民主党、共和党及其背后利益群体，两派媒体立场观点严重对立，成为不加掩饰的党争工具。2016 年特朗普就任总统后，他与美国自由派媒体的矛盾呈公开化之势。特朗普多次指责美国有线电视新闻网、美国全国广播公司等媒体为“跛脚媒体”，发布“假新闻”。受指责的媒体也不甘示弱，彻底抛开“中立”面具，双方你来我往攻击频频，让国际社会为之大跌眼镜。对外，美国主流媒体则自觉保持一致口径，化身维护美国国家利益和制度的工具，一方面大力美化美国形象和政策立场，另一方面，配合美国政府对外议程，极力攻击抹黑对手国家，不惜政治化操弄事实。美国主流媒体对内对外均严重违背所谓的“客观、中立”新闻原则，国际社会对此心知肚明。

发展中国家争相竞逐国际舆论场。近年来，广大发展中国家随着经济水平的提高，国家意识不断增强，普遍开始重视本国形象建设，加大自主声音表达，积极抢占舆论阵地，提升国际话语权。卡塔尔的半岛电视台，俄罗斯的“今日俄罗斯”电视台等新兴国家的媒体，与西方强势媒体开展直接较量，并形成一定影响力。

中国作为最大的发展中国家，国际关注度显著提升。随着综合国力和国际地位的不断提升，中国日益走进世界舞台中心，一举一动都受到全球瞩目。中国对外交往程度从未像今天这样深，中国发展的外部性也从未如此之大。世界对中国这一全球第二大经济体的关注，前所未有的广泛、深切而聚焦，对中国声音的期待，也前所未有的强烈。

与此同时，美西方对华舆论武器化现象也愈加突出。随着中美力量对比差距缩小，美国不甘心实力地位被中国赶超，对华焦虑不断上升。一方面，美国对华舆论的根本立场发生转变。美国政府视中国为最具威胁的长期战略挑战，对华强硬成为"政治正确"，对华舆论的出发点，已从过去建立在制度文化和意识形态差异之上的下意识偏见，转变为建立在政治目的和对抗思维之上的蓄意攻击打压。美国政府和媒体不惜撕开自身伪善面具，对华舆论的观点更为极端，立场更为对抗。另一方面，美国政府将国际舆论作为遏华工具，竭力争夺中国崛起的叙事权、定义权和话语权，毒化涉华国际舆论环境，服务美国对华政治议程。由此可见，我国当前面临的国际话语权争夺及国际舆论环境较此前已产生重大变化，外部形势更为险恶，局面更为混乱。

主要国家的“舆论力”

在国际舆论场中，“舆论力”可以理解为一国对国际舆论的影响和塑造能力。归根结底，“舆论力”要发挥两方面作用：一是能够引导国际舆论注意力，二是能够影响国际舆论如何关注。前者考验的是议程设置能力，如何借助有效的传播渠道，让信息畅通无阻抵达受众，引发国际关注；后者检验的是认知影响力，如何让新闻舆论附带的观点和价值理念得到受众的认同，引发公众的思想认同和情感共鸣，形成公信力和感召力。

其一，美国。美国长期占据国际舆论体系中心地位，享有巨大话语权和国际传播优势。尽管对外舆论感召力和公信力呈下滑趋势，但美国依托成熟的舆论制造体系，在国际舆论场上的总体声量并未明显削弱。

“全政府”式牵引议题设置。美国并没有“舆论管控”的明确概念，但官方对舆论的引导贯穿政府上下，主要以制造新闻、提供消息源的方式设计话语和议题，通过媒体扩散主动引导国际舆论。美国是现行战后国际政治经济体系的主要设计者，外交运筹能力和全球活动能量超强。政府层面，美国政府借助双多边外交活动，发布政策文件、公开倡议等多种形式，频繁牵引政治、外交、经济、军事等各领域议程，参与引导全球事务，以管理维护美国对外关系、盟友体系和利美秩序，不断输出美式价值观，扩张国际影响力，保持美国优势最大化。国会层面，近来年单届美国国会发起的各类涉外议案、修正案、决议案等数以千计，议员频繁组织境外访问，参众两院经常就涉外问题召开听证会，邀请政府高官、企业高管、社会活动人士等各类人员接受问询，并在各类法案中要求相关部门就国际形势、外交关系等发布报告，积极引导国内国际社会关注美国政策和看法。

信息沟通制度发达。美国政府拥有成熟的新闻发布体系，各部门均设有网站和社交媒体账号，实时发布和归档信息。白宫、美国国务院、国防部等日常举办新闻发布会，介绍重要事件和政府立场，实时回应评议全球热点。除专职新闻发言人外，美国总统、内阁成员、国会议员等各级政客都频繁曝光，解释美国政策，传播美国立场观点，吸引媒体注意力。美国总统频繁以多种形式公开发言，包括发表电视演说、公开演讲、接受媒体专访、举办新闻发布会、临时访问、发布社交媒体信息等。除正面渠道外，美国官员还以“情报泄密”“放风喂料”等谋略方式故意向媒体“泄露”真伪莫辨的信息，以试探外界反应，抢占叙事主动。

公共外交活动活跃。公共外交是一种外交政策工具，即一国政府对他国民众的外交活动。美国国务院将其定义为“由政府发起的交流项目，利用电台等信息传播手段，了解和影响其他国家的舆论，减少其他国家政府和民众对美国产生的错误观点，提升美国在国外公众中的形象和影响力，进而增加美国国家利益的活动”。美国是世界上开展公共外交活动规模最大的国家，利用国际文化交流活动、大众媒体等，持续对外国民众输出影响，传播美式价值，提升美国国际形象和影响力。

国有媒体政府买单。美国政府设有全额出资的外宣媒体，由美国全球媒体署（USAGM）统筹运营。美国全球媒体署下设“美国之音”“自由亚洲电台”“自由欧洲电台”“中东广播”“古巴广播”五家实体媒体，覆盖全球各个美国对外宣传目标区域，自称每周全球活跃受众达 4.1 亿人。作为美国对外宣传重要机器的“美国之音”，仅 2023 财年预算便高达 2.67 亿美元，节目内容覆盖 48 种语言，仅在东亚和东南亚地区就有 10 种播出语言。针对华人受众，“美国之音”推出普通话、粤语、藏语三种细分语种节目，普通话内容设有网站、短波电台、卫星电视、应用程序四种媒介形式。“美国之音”自我标榜“独立性”“完整性”，宣称其编辑自主受美国法律保护。实际上，“美国之音”的主管机构美国全球媒体署的首席执行官是由美国总统直接提名，上任后可再任命下属媒体主要负责人。特朗普当政时，曾点名批评“美国之音”为美国说话的力度不够，施压其更紧密地服务政府对外宣传。

私营媒体“使命感强烈”。前文提到的亚洲 14 个国家 29 家主要报纸的国际新闻供应商中，除 3 家源自欧洲外，剩余 11 家皆来自美国。这 11 家美国主流媒体尽管性质上属于私营，但在国际报道领域，无一不立场鲜明地维护美国利益。一方面，美国政府通过发放经营执照、控制消息来源、私下拉拢提醒等方式管控媒体报道。另一方面，国家利益和官方意识形态深深内化于美国媒体的国际报道。主流媒体本身被视为美国精英集团的一部分，政府卸职人员加盟媒体的“旋转门”现象在美国普遍存在。在报道国际事件时，主流媒体倾向于加强和维护美国社会的主流价值观念和观点，是美国利益和制度的坚定维护者。这种意识内化于主流媒体从业人员的业务操作，影响深入，难以被撼动与改变。加之普通美国民众对国际事务关注度有限，美国主流媒体自视为外交政策精英阶层的组成部分，对外传播“使命感”强烈。

社交媒体迅速勃兴。当前，具有全球影响力的社交媒体平台大部分源于美国，推特和脸书是其中的两个主要平台。推特是现有国际社交媒体中新闻属性最强的平台，关注度广，号称“社交新闻巨头”。脸书的互动率更高，熟人社交属性更强。此类社交媒体的崛起在一定程度上有助于强化美国国际传播优势。各大主流媒体均进驻社交媒体平台，实时更新发布消息。多数政要、新闻当事人与各领域意见领袖也纷纷开设账号，直接发声。在充当传播平台的同时，社交媒体巨头借助规模效应，自我赋权，行使数据引流限流、内容审查、账户监管等权力。近年来，推特、脸书均强化对政治性内容的审查，所出台的操作规范和指导原则完全秉承西方意识形态和价值理念，对政治类“虚假信息”“有害信息”等的认定存在主观性，不利于非西方声音的传播。推特还曾配合美国政府要求，关停外国用户账号甚至外国领导人账号，如2020年1月初，推特暂停了与委内瑞拉政府有关的一批账号，包括委内瑞拉总统马杜罗的官方账号。中国外交部门、媒体和个人在利用推特等国际社交媒体发声时，也面临着来自平台本身的系统性偏见与歧视。

美国政府高度重视多元传播主体的培养。社会组织、智库、民间团体、意见领袖、网红等均是给政府发声的“嘴替”。2022年3月10日，白宫召集近30名抖音海外版（TikTok）网红，宣介美国在俄乌冲突上的立场以及在乌克兰地区的战略目标等，意在借助网红影响力进一步向青年群体传播政治信息。白宫数字战略主管罗布·费海提称，网红们的传播力和潜在影响是“至关重要的渠道”。

美国同时还是文化产品输出大国。好莱坞电影、美式流行音乐、美剧等文化产品在世界市场均占据重要份额，美国职业篮球联赛风靡全球，相关文化产品除娱乐价值外，也是美式价值体系和生活方式的天然推广者。此外，美国高等教育声望吸引全球优质生源，美国私营公司的创新能力和创富效应网罗全球人才等，均为美国软实力对外输出的重要呈现。

其二，俄罗斯。苏联解体后，俄罗斯国家形象一落千丈，寡头控制国内媒体资源，国际传播能力极大弱化。与此同时，西方媒体大力干预、炒作俄罗斯国内事务，长期矮化、妖魔化俄罗斯形象，降低俄罗斯国际声誉与影响力。普京上台后，视国际传播能力为维护国家利益的重要工具，提出俄罗斯必须打造政府控制的传播体系，在主导国内舆论同时，辐射前苏联国家境内的俄语群体，抵制和对抗西方宣传，重塑俄罗斯国家形象。在普京战略传播目标指引下，“今日俄罗斯”电视台、俄罗斯卫星通讯社等外宣媒体应运而生，其中成立于2005年的“今日俄罗斯”电视台迅速取得成功，一度打破西方媒体对国际传播格局的垄断。

“今日俄罗斯”电视台——现象级的舆论突围。“今日俄罗斯”电视台从成立之初就得到俄罗斯政府的鼎力支持，总统普京亲自审定发展战略，集中调配优势资源，提供充足的运营经费。同时，“今日俄罗斯”电视台在运行上享有高度自治，可结合市场规律和发展需要，自主决定运营、管理体制和报道策略。

差异化和本地化是“今日俄罗斯”电视台崛起的秘诀。以美国有线电视新闻网、英国广播公司为首的西方主流媒体，在报道国际新闻时，存在严重的同质化倾向，题材选择和报道角度均大同小异。“今日俄罗斯”电视台敏锐捕捉到公众对西方主流媒体的审美疲劳和信任减弱，报道那些被主流媒体忽视的故事，提供时事的另类视角，并让国际观众熟悉俄罗斯对全球重大事件的看法。“今日俄罗斯”电视台新闻节目的口号为“多一些质疑”。实践中，“今日俄罗斯”电视台聚焦争议问题，展现与西方媒体完全相反的场景和观点，在选题和内容上均与传统国际报道有区别。成功案例包括对中东乱局的深入报道，对叙利亚总统阿萨德的独家专访，与维基解密创始人阿桑奇合作开办专题节目等，呈现在西方叙事体系之外的差异化世界。

在运行方式和节目包装上强化本土化建设。“今日俄罗斯”电视台以俄语、英语、阿拉伯语、西班牙语、法语、德语和塞尔维亚语七种语言播出，其海外频道大量采用当地新闻记者，重点关注地区事件，多渠道投放落地广告，以拉近与当地受众距离，贴近本土受众习惯。2010 年，“今日俄罗斯”电视台开通美国频道“RT America”，大量报道揭批美国问题，曝光美国主流媒体选择性忽视的社会内部矛盾，抨击伊拉克战争等政府决策，反而引发美国国内民粹主义群体共鸣，保持较高收视率。2013 年，“RT America”重金聘请美国电视界传奇主持人拉里·金合作开办《拉里·金政治秀》，进一步提升“今日俄罗斯”电视台在美知名度。

“今日俄罗斯”电视台一经推出便快速取得成功，实现对西方媒体垄断格局的突围。2013 年，成立不足十年的“今日俄罗斯”电视台在油管上的浏览量突破 10 亿人次，电视台覆盖 100 多个国家和地区的数亿观众。“今日俄罗斯”电视台的纪录片和新闻节目先后 11 次入围美国电视界最高奖项艾美奖，关于伊拉克摩苏尔人道主义危机、关塔那摩监狱囚犯绝食抗议等报道均获得艾美奖提名，揭露了美西方政府阴暗面，实现了非西方观点在国际社会的有效传播。同时，“今日俄罗斯”电视台积极向世界展示俄罗斯的正面形象，在2008年格鲁吉亚战争、2012年俄罗斯总统选举示威活动、2014年克里米亚事件期间，多次向国际社会传播俄罗斯政府立场，取得了较好效果。

木秀于林，风必摧之。“今日俄罗斯”电视台的成功迅速引来美西方国家打压。2017年10月，在美国司法部要求下，“RT America”根据美国《外国代理人注册法》登记为“外国代理人”，丧失对美国国会采访资格，与美国境内公司和人员合作受限，频道在美国的整体运营受到影响。2022年3月，俄乌冲突爆发数日后，美国多家电视服务网络宣布将“RT America”剔除。3月3日，在失去有线落地渠道后，“RT America”宣布永久停播并解雇驻美工作人员，正式终止在美国运营。与此同时，欧盟也宣布禁封“今日俄罗斯”电视台和俄罗斯卫星通讯社的新闻产品。油管、脸书等主要社交媒体均封锁“今日俄罗斯”电视台账号，微软应用商店下架“今日俄罗斯”电视台全部应用程序，“今日俄罗斯”电视台旋即遭遇西方围剿，由辉煌被迫陨落。

其三，英国。英国是近代历史上首个全球霸主国家，大英帝国荣光虽然远去，英国仍自视为全球性大国，努力寻找国际存在感。“脱欧”公投后，英国政府提出“全球英国”概念，即利用“脱欧”后的自主权，维系具有全球影响力的大国地位。2021年3月，英国政府发布《竞争时代的“全球英国”：外交、安全、发展和防务综合评估报告》，设定“全球英国”为“拥有全球视野、解决问题和分担负担的国家”，国际传播能力和文化软实力则是英国发挥全球影响的重要因素。

英国是老牌媒体强国。作为近代世界报业的发源地，英国传媒产业高度发达，拥有具备国际影响力的强劲、完整的媒体网络。成立于1850年的路透社为世界三大通讯社之一，英国广播公司、《经济学人》《金融时报》等传统媒体享有广泛声誉。得益于英语在国际交流中的主导地位，英国新闻产品和节目具有较强的国际传播效果。从立场上看，由于英美之间的历史渊源和近似的价值观经纬，英美媒体对国际事务的认知具有高度一致性，在部分议题上，英国媒体对美国媒体呈现出一定的追随性和从属性。

软实力资源丰厚多元。英国一贯注重将历史文化底蕴转化为软性权力资源，强化全球影响力。英国政府认为，“脱欧”后更应发挥本国软实力，维系全球大国地位。2019年7月，时任英国首相鲍里斯·约翰逊在议会下议院陈述当今英国软实力资源，认为其主要体现在以下四个方面。一是语言优势。英国可以毫不费力地与70多个以英语为官方语言的国家对话，打造英语文化圈，并在其中占据中心地位。同时，英语作为广泛使用的国际语言，给予英国操控“语言政治”的丰富空间。二是智识影响。英国历史上曾产生多位重要思想家，包括国际关系在内的当今世界多个学科及研究领域都发源于英国，对人类思想史和现代科学体系具有独特贡献。三是流行文化。英国持续产出众多在全球范围内受欢迎的音乐作品和影视剧作，经典文学作品常拍常新，詹姆斯·邦德、哈利·波特等主人公形象深入人心。四是特殊文化魅力。古老英国王室文化和现代时尚艺术文化并存。在全球软实力30强排名中，英国连续多年位列前三，在2018年更是获评全球第一。

其四，卡塔尔。二战以来，中东地区冲突、战争不断，是世界上最不稳定的地区之一。然而，西方和其他地区对中东事务和阿拉伯文明知之甚少。阿拉伯世界内部，以及与外部世界间缺乏一个相互联接的信息平台。在此背景下，时任卡塔尔外交部长塔尼提出，创办阿拉伯世界首个24小时新闻电视台。在卡塔尔王室支持下，1996年2月，半岛电视台应运而生，填补了阿拉伯世界缺少地区性国际新闻频道的空白。

半岛电视台的成立可谓正当其时。在随之而来的“9·11”事件和阿富汗战争中，它凭借相关报道，一举崛起成为中东地区的代表性声音。半岛电视台融合西方新闻理念与阿拉伯世界实践，注重内容的本地化，发挥文化优势，深入报道阿拉伯国家相关新闻事件，坚持不同于西方媒体的阿拉伯报道视角，创新报道方式，逐渐成为阿拉伯世界具有重要影响力的电视媒体。“9·11”事件后，半岛电视台多次率先播放本·拉丹和其他“基地”组织领导人的录像声明；阿富汗战争爆发后，它成为唯一一家能进入塔利班控制区的电视台，源源不断地播报独家新闻，引发世界广泛关注。半岛电视台自此在全球范围内打响知名度，被誉为“中东的 CNN”“海湾的 BBC”。

其五，印度。作为迅速崛起的新兴大国，近来年印度被西方奉为“世界上最大的民主国家”“新兴市场的新宠”，逐渐扭转过去贫穷、落后的国际形象。除了快速发展的经济、与西方贴近的意识形态、牵制周边国家的战略位置等因素外，印度自身亦将提升国家形象和建设软实力提高至国家战略层面，积极发挥本国历史、文化优势，打造全新的印度形象。

瑜伽文化输出和平印度。印度注重传统文化元素的现代性改造，其中最为典型的案例应属瑜伽文化的国际推广。2014 年 9 月，印度总理莫迪在联合国大会发言时提议设立国际瑜伽日。同年 12 月，联合国正式宣布将每年 6 月 21 日设为国际瑜伽日。莫迪本人是著名瑜伽爱好者，他化身最佳“瑜伽代言人”，多次公开出席瑜伽活动，做出各种瑜伽体式，分享习练心得，还将瑜伽著作赠予外国领导人。莫迪强调瑜伽文化与印度传统文化的连接，宣扬瑜伽关乎身体、思想和灵魂，可以创造无冲突的世界，塑造印度爱好和平、值得依赖的正面形象。

宝莱坞文化塑造自由、世俗印度。印度已成为世界年度电影产量最多的国家，宝莱坞既是全球最大的电影生产基地，也用来指代所有印度电影。音乐和舞蹈是宝莱坞电影的突出元素，载歌载舞的印度电影作品以非凡的艺术感染力传递印度自由、世俗的价值观。越来越多的宝莱坞电影成功走出印度，流行于海外，成为印度形象传播的重要武器。

此外，随着近年来印度裔移民在欧美政坛、科技界、企业界的崛起，印度政府强化与其联系，将广布海外的侨民视为拓展印度软实力的触角。

参 考 文 献

1 郭可：《国际舆论及其对我国的影响》，《新闻与传播研究》2003年第3期。

2 郭庆光：《传播学教程》，中国人民大学出版社2002年版。

3 Burson Cohn & Wolfe, "Twiplomacy Study 2020," Jul. 20, 2020, https://twiplomacy.com/blog/twiplomacy-study-2020/.

4 US Department of State, "Dictionary of International Relations Terms," 1987.

8 张飚：《当今英国的软实力》，http://news.sohu.com/a/726258811_121687424。

9 赵瑞琦、赵刚：《印度传媒与国家软实力的构建》，《对外传播》2013年第9期。

5

第五章

舆论与政权安全

自古以来，舆论一直是影响国家政权稳定的重要因素。在信息化时代，这种影响更为明显。从苏联解体、美国国会山事件、法国“黄马甲”运动到 2019 年智利示威活动，我们可以看到舆论如何塑造、影响和决定国家的政治走向。

首先，苏联解体是 20 世纪最大的政治事件之一。在此之前，苏联是一个超级大国，但在短暂的时间内，由于经济困境、政治腐败和民族问题等多种因素，民众开始对苏共领导产生质疑。在国内外媒体的推波助澜下，这种质疑逐渐演变成对苏联政权的不信任，最终导致了苏联的解体。

再看美国国会山事件，这一典型的例子展示了舆论如何在短时间内激化社会矛盾，从而导致暴力事件。事件的背后，是长期的政治分歧和舆论的极化。当这种极化达到一定程度，舆论不再是缓解社会矛盾的润滑剂，而是加剧族群对抗的催化剂。

法国的“黄马甲”运动也是一个很好的例子。起初，这只是一场反对油价上涨的抗议活动，但在舆论的推动下，它迅速演变成了一场对法国政府的全面抗议。舆论不仅放大了人们的不满，还为抗议者提供了一个平台，使他们能够团结起来，共同对抗政府。

2019年智利示威活动则是对社会不平等的抗议。在此之前，智利被视为拉丁美洲的经济奇迹，但舆论揭示了这背后的社会不平等和腐败现象。当这些问题被揭开并广为传播时，智利的社会矛盾迅速激化，导致了大规模的示威活动和冲突事件的发生。

总的来说，舆论在当今社会中扮演着至关重要的角色。它是国家政权的支持者，也是国家政权的挑战者。但无论如何，舆论都是一把双刃剑，既可以维护国家的稳定，也可以导致国家的动荡。因此，正确引导和管理舆论，对于国家的政权安全至关重要。

舆论失控打开了苏联解体的“魔盒”

距离苏联解体已超过三十年，回首过往，曾经辉煌一时的苏维埃政权已湮没在历史尘埃中。探究其亡党亡国的原因，以史鉴今，能给今人一些新的感悟。

三十多年来，无论是曾经的苏联加盟共和国，还是各社会主义国家，甚至西方国家均有学者不断分析与归结苏联解体的原因。“千里之堤，溃于蚁穴”“大厦将倾，非一木可支”。苏联解体的原因是多方面的，但在诸多原因之中，对舆论与媒体的管控失误是重要的助推因素。

1985 年，被苏共老一辈领导人寄予厚望的戈尔巴乔夫入主克里姆林宫。他年富力强，希望用新理念、新方法涤荡苏联长期积累的腐败与低效氛围。戈尔巴乔夫提出了“民主化”与“公开性”等一系列新理念，鼓励媒体就苏联改革与建设中的各种现实问题甚至思想问题进行公开辩论。他最初并未意识到此问题的严重性，也未率先在一些媒体做试点，反而提出要实行“毫无限制的公开性”和“舆论多元化”，还指示媒体“任何时间，不论是今天的痛楚或是过去历史上的悲惨事件，都可以成为报刊分析的对象”。于是，“民主化”和“公开性”犹如两道突然打开的大门，各类反对声音大肆涌出，苏联媒体掀起了一场揭露事实与伤疤的大革命。一些报纸扩大政论文章版面，刊登反对政府与苏维埃政权的文章，揭露官员滥用公权、徇私舞弊、中饱私囊、腐化堕落，呼吁“有良知的党员”退党。一些媒体“揭露”所谓“历史真相”或重提20世纪30年代大饥荒、大清洗、民族矛盾以及切尔诺贝利事故等历史问题，煽动民众情绪，一些事实和政策失误被严重歪曲和无限夸大；还有一些媒体为博取眼球，丧失道德底线，以荒诞滑稽、耸人听闻的假新闻来吸引读者，大量刊登酗酒、色情、吸毒、凶杀等负面消息，极大污染了当时的舆论环境。

在此背景下，反苏反共反社会主义的思潮“洪水”已无法堵住，斯大林、列宁等革命先驱成为了“暴君”“间谍”，苏共历史中充满了“罪恶与欺骗”，十月革命与社会主义建设“只给当权者带来财富与权力”，“广大老百姓尤其是农民才是受害者”。一些地方媒体挑拨民族矛盾，称苏联历史就是俄罗斯民族的“征服史”，中亚、高加索等民族是被统治与奴役的“二等民族”。1987年7月20日，《消息报》载文指责苏联普遍使用的中小学历史教材，认为《联共（布）党史简明教程》中的“每一个字都充满了谎言”。1988年6月，苏联教育部作出决定，全国所有学校的苏联历史教材在1989年全部销毁，取消学校的历史考试，直至“更真实的”苏联历史教材编写出来后才恢复。这一系列的负面新闻造成了民众对苏共政权的普遍不满和国内民族矛盾的不断激化。

由于苏联几十年来的媒体管控一直较为严格，民众对媒体形成了信任与依赖。当主流媒体开始攻击苏共与社会主义制度以及抹黑领导人形象时，广大苏联民众首先感到错愕与迷茫，进而相信媒体的各种言论，人们对苏共的领导是否正确、对社会主义制度是否优越产生了怀疑，苏联人民的民族自豪感受到沉重打击。而面对敌对势力利用“民主化”“公开性”对马克思主义和社会主义发动的猖狂进攻，以戈尔巴乔夫为代表的苏共领导人不仅没有及时给予回击，反而姑息、纵容，甚至自己也参与到这种“大合唱”中。

脱离苏共领导的媒体，成为最危险的“反对派”

苏联时期，由于实行单一的共产党执政体制，苏共是绝对的执政力量，不允许有反对派存在。随着戈尔巴乔夫“公开性”改革的推进，人民对于政府与苏共的不满情绪逐渐显现。戈尔巴乔夫面对反动势力的攻击非但没有与之斗争或进行合理疏导，反而命令禁止对媒体进行“行政干涉”，导致从中央到地方各级政府与党委被束缚住了手脚，放弃了对于媒体与新闻工作的领导与管控。新闻工作丧失了党性原则与党的领导后，媒体独特的传播功能发挥了特殊作用，其政治性开始显现，一些媒体成为了具有特殊政治属性的组织，甚至在一定程度上发挥了政党的作用。

1990 年 2 月，根据戈尔巴乔夫的建议，苏共中央全会通过文件，承认当前现实已使苏联成为多党制政体。3 月 13 日，苏共通过宪法修正案，取消 1936 年苏联宪法第六条有关“苏共是一切社会团体和国家机关的领导核心”的条款。6 月，全新的《全苏新闻法》通过，并于同年 8 月生效。该法规定，国家机关、政党、社会组织、宗教团体以及有投票权的公民均可创办媒体，这无异于为“新闻自由”敞开了大门。至此，媒体失去了苏共的领导，反对派开始进驻或控制各大媒体，或自己创办媒体，通过报纸、广播等宣传反共和民族主义言论。与此同时，一些官方媒体如《消息报》等宣告“独立”，不再受苏维埃政权的管控。《消息报》旗帜鲜明地批评和反对苏共与政府，支持各地的“民主派”和民族主义者。在这种思潮的影响下，退党者与攻击政权者数量迅速增多，客观上起到了瓦解苏共的作用。

在 1989 年 5 月第一次苏联人民代表大会上成立的“跨地区议员团”，就是利用媒体对苏共施加影响的典型例子。“跨地区议员团”不仅团结各反对力量，同时将极端反共定位为自己的意识形态。该组织的领导人为了扩大自身影响，迫切需要利用媒体宣传其立场。他们选择了当时发行量较大的报纸《苏维埃物理学家》作为阵地，创建《人民代表》专刊，开始宣传反共思想。同时，该组织也向其他官办媒体渗透，掌控媒体话语权。1989 年 7 月，在莫斯科召开的第一次“跨地区议员团”会议选出包括叶利钦在内的 5 名联合主席，其中的阿法纳西耶夫曾任苏共主要报纸《真理报》总编辑，另一位主席波波夫时任《经济问题》杂志的主编。新成立的协调委员会的 5 名成员中，波尔托拉宁时任《真理报》莫斯科分社主编。作为知名的编辑与媒体人，他们对如何利用民众的不满情绪十分了解，媒体在其手中已经成为了反对政权的有效工具，他们中的许多人通过报纸和电视媒体的传播和推广后，在国内迅速积累了巨大的政治影响，纷纷当选为人民代表和地方领导人。其他反对派也意识到控制舆论的重要性，纷纷开设报刊与电台，其中多数以丑化苏共、批评社会主义制度为宗旨。到 1990 年上半年，苏联境内各种“非正式”的出版物多达上千种。

西方信息战趁虚而入，为苏联解体推波助澜

二战结束后，冷战铁幕降下，苏联与西方开始了超过四十年的对抗与博弈。对苏联统治者而言，西方资本主义思想犹如“洪水猛兽”，是腐蚀干部群众思想的“毒药”，要坚决拒之于国门之

外。苏联时期，政府与军队对英国广播公司、“美国之音”等西方媒体实行封锁与干扰，普通干部、民众没有接触渠道，私自收听西方电台或收藏报纸、杂志等刊物无异于“通敌”。这种做法虽然简单粗暴，但也在客观上使苏联国内免受西方的舆论渗透与攻击。然而，堵而不疏只能见一时之效，无法成长久之功。随着戈尔巴乔夫的“公开性”改革开启，西方媒体进入苏联的障碍瞬间消失，苏联民众可以随时收听外国电台，也可通过海外关系购买西方书籍与报刊。西方媒体以及一些受到西方利用国内的媒体大肆宣扬资本主义价值观，鼓吹西方所谓“民主、自由、人权、平等、市场、公民社会”等，强化了人们对西方价值观和资本主义制度的向往。一时间，西方资本主义“物质丰富、文化繁荣、精神富足”的生活方式牢牢吸引了长期过苦日子的苏联民众。苏联民众开始接触到西方视角，并逐渐接受其对苏联政权的批评，许多党员干部以及普通群众失去了分辨是非、坚持初心的决心与能力。对此，美国国际广播委员会认为，“苏联停止干扰西方广播，可能比戈尔巴乔夫决定从东欧撤军 50 万的允诺更重要。对美国来说，它为促进苏联社会的和平演变，提供了难得的机会”。但是，事态并没有就此打住。1988 年 12 月，苏联决定拨款 400 万外汇卢布，进口 20 个西方国家的报刊，在国内公开出售。这进一步助长了西方国家对苏联的舆论攻势。虽然仍有不少拥护苏联和苏共的人与西方国家支持的反对派在报刊、电视上展开论战，试图揭露其险恶用心，但是，随着苏共威信力的下降，媒体已完全掌握在要搞垮苏联的人手中。

从苏联解体的过程看，舆论失控的起源在于戈尔巴乔夫不切实际、过于冒进的新闻改革，而更深层的原因则在于苏共对于媒体长期刻板严厉、只堵不疏的管理与控制。媒体失控导致反共反社会主义的舆论一步步瓦解、摧毁了苏联意识形态大厦的根基，损害了苏联制度的核心价值体系，加速了苏联演变和解体的步伐。在东欧剧变、苏联国内风雨飘摇的关键时刻，媒体成为了摧毁苏联的重要推手。俄罗斯首任总统叶利钦也坦言："正是新闻传媒发起的揭露苏联历史黑暗面和现存体制缺点的运动，直接动摇了这一帝国的根基。"虽然舆论失控不是苏联解体的唯一原因，也不可过分夸大媒体在苏共垮台中的作用，但它确实在苏联解体这幕20世纪末的大戏中扮演了重要角色。高度重视和充分认识传媒因素，是全面、深入总结苏共亡党原因的重要视角。

占领国会山，社交媒体对美国权力核心发起攻击

暴力冲击国会山事件已过去两年有余，但美国政治的疮痈远未愈合。国会作为三权分立的代表，是美国唯一一个由公民直接选举产生的部门，是美国政治的象征。暴徒冲击国会大厦的瞬

间，击碎了“美式民主”的幻象。长久以来的党派倾轧致使权力交替失序、社会撕裂加剧，人民沦为政治人物满足个人权力欲望的工具，民主在舆论的误导下成为空喊的口号与踩在脚下的旗帜。美国国会山事件带来的教训值得全世界反思。

2020 年 12 月 19 日凌晨，不承认自己大选失败的美国总统特朗普又一次打开了推特，发出了一条“召唤”推文：“1 月 6 日华盛顿大游行。到那里去，狂野起来！”很快，各种评论纷至沓来。“他们都是一群骗子”，“我们将沿着宾夕法尼亚大道走下去”，“我们将前往国会大厦”……一条条转发像火把一样在特朗普的“粉丝”中传递，迅速点燃了推特。2021 年 1 月 2 日凌晨，特朗普再次发推特确认：“华盛顿特区的大型抗议集会将于 1 月 6 日上午 11 时举行。地点细节稍后。停止偷窃！”此时，距最后的集会还有不到 4 天时间，不少特朗普的支持者已经上路，还有的已经到达了华盛顿。“这些人不会再忍受了”，“我们在战斗，我们拼命战斗”，“如果你不拼命战斗，你将不再拥有一个国家”……言辞激烈的推文逐渐汇成汹涌的波涛，朝着华盛顿奔流而去。

民众的信任一旦崩塌便难以重建。美国国会议员为总统选举清点选举人票、确认新一任总统的制度设计，原本是为了证明总统选举流程的公正、公开、透明，使大众信服。但此次过程中，美国民众显然对选举结果产生了怀疑，认为选举过程中存在舞弊行为。据英国广播公司新闻网站报道，本次美国总统选举的投票率是美国自 1900 年以来最高的一次，粗略估计达到了 66.9%。其中拜登赢得了超过 8000 万张选票，成为有史以来获得选票最多的美国总统候选人。而特朗普则紧随其后，以近 7400 万张选票成为了有史以来获得选票第二多的美国总统候选人。这位美国历史上获得票数最多的落选者心有不甘，断定选举存在黑幕，自己受到了民主党乃至部分共和党人的欺骗。他在各个场合宣扬自己的“悲惨遭遇”，逢人便诉说自己的委屈与愤怒：主流媒体都诬陷、抹黑自己，满嘴满纸没有一句真话。愤懑的特朗普在社交软件上一条又一条地发泄着不满。他的追随者也同样充满了愤怒，甚至更愤怒。疫情肆虐、经济衰退、贫富悬殊、种族矛盾无一不压迫着他们脆弱的神经，生活的苦闷压抑无处释放，而夺去最后希望的“舞弊者”却招摇过市。此时此刻、此情此景，特朗普遇到的“不公”便是他们的不公，特朗普想要推翻这场“骗局”，他们便要为他去争取一个“崭新的世界”。而特朗普在推特上的呐喊，便是他们出征的号角。

2021 年 1 月 6 日早上 7 时，华盛顿的空气中透着清冷。狂热的人群欢呼着渐渐向白宫方向聚集，急切奔赴一场“狂野的抗议”。白宫椭圆形草坪附近的人群越聚越多，集会者们奋力挥动着手中印有“拯救美国”“与特朗普站在一起”等标语的横幅，和星条旗一起不断扰动着渐渐狂躁的空气。等到中午，特朗普出现在白宫椭圆形草坪，开始了约1小时的“拯救美国”游行演讲活动，他在透明幕墙后呼吁他的支持者们去国会大厦游行，去阻止国会联席会议确认拜登当选美国总统。激愤的人群高喊着“支持特朗普”“反对拜登”“推翻选举结果”等各式口号，逐渐向国会大厦聚集。示威游行逐渐演变为骚乱，人们开始冲撞负责国会大厦安保的警察，警戒线一退再退。当日下午14时刚过，国会大厦里的会议就被喧闹声打断，暴徒涌进大楼。特朗普还在推特上发泄着，气愤地指责副总统不愿意推翻选举结果支持自己，“迈克·彭斯没有勇气做必要的事情”。抗议者源源不断地进入国会大厦，警察试图用喷雾、水枪等驱散人群，但示威者越聚越多。有的人直接破窗而入，扯下警察的警徽，抢走枪和子弹，用各种自带武器攻击警察。终于，现场完全失控。数以千计的示威者冲破金属围栏与警察组成的人墙，涌进国会大厦，其中还有人携有简易爆炸装置。抗议者们高喊着并随意进出国会大厦的各间办公室，拍照录像、肆意破坏，不少人甚至拿走了议员的物品，“绞死迈克·彭斯”的口号声在连廊中此起彼伏。终于，当日傍晚18时左右，苦苦挣扎了几个小时的警方宣布国会大厦已经恢复安全。数小时前通过地下通道撤离的时任美国副总统迈克·彭斯返回参议院，重启当天被中断的大选结果认证程序。他在演讲中沉重地说：“今天是美国国会历史上黑暗的一天。”1月7日凌晨，迈克·彭斯最终确认“拜登获得306张选举人票，而特朗普获得 232 张”。拜登在一场血腥闹剧后当选美国第 46 任总统。是什么样的力量像一股旋风般迅速聚集了疯狂的人群？冲突发生前难道没有任何征兆？其背后有怎样一只看不见的手推动着一切跌入暴力的深渊？作为“灯塔”的美国又为什么会以如此蹩脚的形象跌落“民主神坛”？

显然，网络社交媒体在此次活动的策划、筹备、组织各环节都起到了至关重要的作用。民主党人向国会众议院针对该事件成立的国会山骚乱事件调查特别委员会公布了长达 845 页的《1 月 6 日国会山骚乱调查“最终报告”》，将 2021 年 1 月 6 日冲击国会的责任完全归咎于特朗普。有关预计发生针对华盛顿甚至国会大厦开展的有组织暴力活动的情报早在 2020 年 12 月就已出现。该报告指出，美国联邦调查局曾收到有关右翼组织“誓言守护者”和“骄傲男孩”的信息，其中一些对话来自私人加密聊天应用程序，也有部分信息可直接在支持特朗普的相关网站和社交媒体上看到。国会山骚扰事件调查特别委员会找到大量当天抗议活动的参与者，证明特朗普发的推文是他们来华盛顿集会的理由。该委员会援引了其中被判为在侵入国会大厦期间袭警的罗伯特·莫尔斯等人的例子。该报告称，莫尔斯认为“1 月 6 日是‘1776 年重新开始’的时刻，因为特朗普总统要求他们‘快来，疯狂起来’”。一名承认破坏国会大厦的男子斯蒂芬·艾尔斯在向国会山骚扰事件调查特别委员会作证时说，特朗普发出的推文是他参加此次集会的主要原因，“我觉得我需要来到这里”。在另一些案例中，刑事诉讼记录提到了特朗普的推文是如何促使骚乱者制订前往华盛顿特区的计划的，并且在某些案例中还提到了在出行前收集武器和防弹衣的细节。“奥布莱恩案”中，家住宾夕法尼亚州的凯利·奥布莱恩是闯入国会大楼的暴徒之一。在特朗普发布“狂野的抗议”推文的同一天，奥布莱恩在社交媒体脸书上发帖称：“呼吁所有爱国者 1 月 6 日在华盛顿特区举行集会。这不是由任何团体组织的。唐纳德·特朗普邀请了我们，这将是‘疯狂的’。”

部分主流媒体在社交平台、自媒体的汹涌攻势之下日渐式微，不再是引导舆论的主角。有些民众将官方媒体看作政府粉饰太平的传声筒，不仅越来越对其缺乏关注，甚至引发逆反心理，产生了越宣传越“叛逆”然后越发加大宣传力度的怪圈。而与之相反的是，自媒体如雨后春笋层出不穷，社交媒体的使用范围不断扩大，消息的来源五花八门。美国民众通过社交媒体发表极端言论与观点，抒发个人不满也已司空见惯。除公共平台上的极端言论趋于常态化，政治上也出现割裂化、阵营化和暴力化倾向。对现实生活与现存秩序的不满与无可奈何，令很多人希望通过非常规的手段解决问题，冲突在所难免。尽管在此次事件中，推特、脸书等社交媒体平台对特朗普及其追随者进行了禁言、删帖甚至封号，但由于事先没有充分准备，事发后手段有限，极端言论早已像病毒一样传遍全网，单靠企业努力难以消除恶劣影响。政府相关职能部门在管理中的缺位是显而易见的。无论是事先得知情报后的毫无准备、各部门缺少有效沟通与预案，还是事中的应急失策、效率低下、协调不畅，无一不暴露了美国政府的管理漏洞。

国会山事件是一面映出美式民主真相的镜子。事件发生后，全球各地一片哗然。这场暴力事件导致5人死亡、约140名执法人员受伤，国会大厦内外一片狼藉。全世界都将复杂的眼神投向华盛顿，有震惊，有错愕，有疑惑，也有仿佛早已看穿的通透。法国总统马克龙连夜发表讲话，批评道："在世界最古老民主国家之一的美国，任期届满总统的支持者，武装质疑合法选举结果，这让'一人一票'的普世价值蒙受巨大损失。"时任英国首相约翰逊发推文称，"美国代表着全世界的民主，而现在一场和平而有序的权力移交至关重要"。联合国秘书长古特雷斯在声明中表示，"重要的是政治领导人要让其追随者铭记避免暴力、尊重民主进程和法治的必要性"。黎巴嫩常驻联合国代表穆罕默德·萨法发推文感叹："如果美国看到美国人在美国的所做作为，美国一定会入侵美国，把美国从美国的暴政当中解放出来。"俄罗斯媒体"今日俄罗斯"发表评论称，"你现在意识到自己做过什么了吗？美国尝到了其在海外推行所谓'民主'的滋味"。多重矛盾叠加使得长期以来一直标榜自己为世界民主领袖的美国，那个靠各种媒介操控话题、煽动别国舆论的美国，也终于遭受了关乎

“民主”的舆论风暴。

解决人民需要解决的问题，才是真正的民主。正如特朗普被推特封禁后在自己的社交媒体平台“真相社交”上写的那样，“那些杀不死我的东西会让我更强大”。封堵永远不是彻底解决问题的方法，民主也不应成为美国掩盖自身深层治理问题的“遮羞布”。民主是全人类的共同价值，“不是装饰品，不是用来做摆设的，而是要用来解决人民需要解决的问题的”，一个国家是否民主，关键在于是不是真正做到了人民当家作主。习近平总书记对此提出“四个要看、四个更要看”的评价标准，即“要看人民有没有投票权，更要看人民有没有广泛参与权；要看人民在选举过程中得到了什么口头许诺，更要看选举后这些承诺实现了多少；要看制度和法律规定了什么样的政治程序和政治规则，更要看这些制度和法律是不是真正得到了执行；要看权力运行规则和程序是否民主，更要看权力是否真正受到人民监督和制约”。而反观美国，民主党和共和党在国会山上的激烈对抗，不仅打破了民众对美式民主的幻想，也影响了美国民众对政治议程的态度。大量民主党选民认为特朗普已完全支配共和党，使该党在民粹的道路上越走越远；开不完的听证会与为了政治正确，而政治正确的观念也使不少共和党选民更加反感民主党。议题党派化加剧了美国社会分歧与对立，美式民主并未真正帮助美国民众解决生活中的实际困难，选举如常，困顿照旧。

1793年9月18日，美国国父乔治·华盛顿在国会山奠下基石。七年后国会大厦建成，自此便一直是国会会议的召开地。标志性的圆形穹顶下有过二百余年的光荣与梦想、争执与妥协，也有过无数的慷慨激昂与尔虞我诈，经受过英国人的袭击与炮火，见证过无数的立法与誓言，但这一象征美国民有、民治、民享的圣地唯独未经历过“人民”如此的谩骂与打砸。先辈们的荣誉已荡然无存。此中杂糅的经济、种族、阶层等等矛盾进一步加剧了问题的复杂性，践踏了美式民主的尊严与信誉。三年已过，一切仿佛尘埃落定，但沉疴难愈、顽疾犹在，隐隐的不安持续笼罩着华盛顿。下一次的“占领”，还将重演。

法国“黄马甲”运动，马克龙被网络政治上了一课

2018年11月17日，法国爆发了著名的“黄马甲”运动。“黄马甲”运动是一场在新传播媒介技术条件下的自发性群众运动。这场运动表达了法国民众对政府改革举措的不满，揭示了法国长期以来面临的社会经济发展困境，同时折射出法国社会治理中出现的政府对于社交媒体的影响认识不足的问题。当今社会，社交媒体成为塑造舆论环境的“主力军”，对社会稳定乃至政权安全有着重要影响。

2018年，由于国际市场油价的变化，法国的柴油、汽油价格分别上涨了23%和15%。不仅如此，为落实《巴黎协定》，减少石化能源的消费量，以及增加税收，法国政府又宣布从2019年1月1日起，每升柴油加征7.6%、每升汽油加征3.9%的燃油税。这引起广大民众，尤其是有车一族的不满。他们通过社交媒体自发动员、组织，在街头抗议法国政府上调燃油税导致油价上涨，并借机发泄对法国政府福利改革的不满，进而演变为暴力冲突。

由于最初抗议者均身穿车辆必备的黄色夹克，这场运动被称为“黄马甲”运动。每逢周六，“黄马甲”们准时出现在巴黎以及其他城市的大街上，其口号逐渐从取消燃油税，扩展到对现行政治、社会体制的广泛质疑。2018年12月1日，“黄马甲”运动开始的第三个周六，巴黎有超5500名示威者冲向凯旋门和香榭丽舍大街，多个城市呼应示威运动，全国约有13.6万人参加示威。法国总理菲利普称骚乱的暴力程度达到“罕见的级别”。路透社将此次事件称为“自1968年以来巴黎发生的最严重的骚乱”，是法国总统马克龙上任以来遭遇的“最严峻的政治挑战”。

尽管马克龙政府随后宣布取消燃油税上调计划，但仍难消民怨。抗议者不满经济增长乏力、获得感缺失、财富分配不公等长期存在的沉疴顽疾，其诉求随之转移到其他诸多问题上，包括要求提高工资、降低税率、改善养老金和放宽大学入学要求等，最终实现社会公平正义。抗议的参与者跨越年龄、职位和地区，工人阶级和中产阶级都参与其中，以最低工资领取者、非全职工作者、社会救助金受益者、退休者，还包括相当一部分自由职业者乃至小型企业的经营者为主流。据民调显示，在“黄马甲”运动的第一个月，法国民众对其支持率超过了 70%。

在“黄马甲”运动的示威游行中，抗议者经常打出一个标语“1789，1968，2018”，这分别暗示着 1789 年法国大革命、1968 年的五月风暴以及 2018 年的“黄马甲”运动。五月风暴和“黄马甲”运动有着明显的共性，那就是脱离了传统政党、政治组织、工会、政治领袖的影响，有较为明显的群众性和自发性。尤其是“黄马甲”运动完全脱离政党政治的轨道，也没有受控于某一位领袖，因此政府难以找到解决办法。这就如同对话没有回应，握手也无人可以言和。尽管“黄马甲”们没有组织者，但也形成了明确而连贯的诉求，人们打出“人民是主权者”，“马克龙，我们不是被放牧的羊群”，“当选者，我们会和你们算账”等口号，激烈批评了代议制民主。总的来说，“黄马甲”运动的诉求有三个要点：一是反对执政者马克龙总统；二是反对损害民众利益的政策；三是反对法国的政治体制，即代议制民主。“黄马甲”运动反映的是法国底层民众对自己生存和发展状况的不满与绝望，对政治精英、政治团体和传统政党的失望和绝望，对一种新的政治—社会组织方式的期待和憧憬，是一种直接参与政治生活的尝试，并希望拥有更加体面的生活，足够保障生存权、发言权和发展权。

社交媒体成为网络政治的总平台和加速器

社交媒体对街头政治、示威生态、社会运动，甚至对社会变革的催化作用不容小觑。例如过去十余年间，各国民众通过国际社交媒体平台，广泛参与到2010—2012年所谓“阿拉伯之春”、2016年英国“脱欧”、美国大选等大型政治事件中，社交媒体的作用被广泛关注。此次法国民众的抗议浪潮亦通过社交媒体进行动员和组织，并且放大和传递，迅速传遍法国的大街小巷，甚至传递至欧洲多国，产生连锁效应。

由于网络语言通俗易懂，民众经常大量制作充满政治幽默和讽刺手法的海报、口号、表情包和图标等，在社交媒体上广泛传播，催生出了发起“黄马甲”运动的网络舆论土壤。

2018年5月，在互联网上首次出现了民众抗议运动的“星星之火”。2018年5月29日，33岁的普里西利亚·卢多斯基在网络上发布了一份关于“降低基本商品税，降低高级别官员养老金和工资，实施公民倡议公投”的在线请愿书。请愿书一经发布，迅速在网络上征集到23万个签名支持，随后引起了《巴黎人报》的关注。2018年10月，一位名叫雅克琳娜·莫罗的女士在脸书上传了一条视频，抗议柴油涨价，并将矛头直指法国总统马克龙，质疑国家收取燃油税的用途何在。莫罗的视频在数周之内点击量就超过 600 万，得到广大民众的支持。2018 年 10 月 24 日，机械师库塔德在脸书上发布视频，呼吁所有支持者穿上每个司机必须在车中配备的荧光反射背心，口号是“每辆车上都有我们！”。这段视频最终的观看次数超过 560 万次。在社交网络上，民众被自发拍摄的视频和号召带动起来，网络社群纷纷建立起来，民众之间相互发泄对政府的不满和愤怒，脸书上“愤怒的法国”小组格外引人注目。

法国人口约为 6800 万，而脸书在法国拥有 6000 万个账户。2018 年，脸书更改了算法，限流了大型媒体发布的内容，优先群组和个人发布的信息，更有利于“黄马甲”们在新媒体上传递消息，并进行组织和动员。因此，脸书的运作方式正好促成了“黄马甲”运动的发起和蔓延。该运动从线上发展到线下，“黄马甲”们约好在线下见面，在这种舆论氛围中，越来越多的民众加入进来，成为其中的一员。

真正形成规模的“黄马甲”运动是何时发起的呢？据《赫芬顿邮报》法国版报道，2018 年 11 月，网络上出现了一个“黄马甲”群，在推特上呼吁于 11 月 17 日进行抗议示威。很快这个群就有了上万名参与者。11 月 17 日这一天，在法国北部诺曼底地区的海滨城市迪耶普爆发了“黄马甲”运动。以后的每个周六，人们都身着荧光黄色马甲走上街头进行游行示威。

随着“黄马甲”运动的愈演愈烈，传统媒体开始广泛报道“黄马甲”们的“打、砸、抢、烧”，引起示威者的强烈不满。在法国，主流媒体背后多有政党或有政治倾向的团体控制。在“黄马甲”运动中，民众指控传统媒体与政府、政客沆瀣一气，污蔑“黄马甲”运动的“暴力行径”，对主流媒体的报道内容不仅持怀疑态度，还时常从相反角度上理解，要求要有自己的“传声筒”和代言人，甚至围堵了国防部和电视台。主流媒体的报道对“黄马甲”运动出现了“火上浇油”的“反效果”。很多抗议者认为，法国主流媒体过多将关注点集中在运动中出现的暴力现象，而有意忽略了警察对示威者的暴力行为。与示威者相比，警察装备齐全，掌握着橡皮子弹、辣椒水、催泪瓦斯、警棍等专用器械，还有示威群众在与警方对抗中被打伤。因此，“黄马甲”们的抗议矛头指向了传统媒体的“不实报道”。与此同时，法国网络媒体正在空前猛烈地冲击着整个舆论，成为法国民众的重要信息来源。很多抗议者通过脸书、推特和油管发泄对主流媒体的不满，称其“都是撒谎者”，强烈抗议主流媒体未能客观报道这场运动。网络媒体以迅猛的势头抢走传统主流媒体的观众和读者，“黄马甲”运动带来了一场新闻意义上的“信息革命”，人们不再相信本国传统主流媒体上的信息，转而相信新网络媒体传播的信息。一些外国媒体和小众网站异军突起，成为运动的信息传播“主力军”。例如，“今日俄罗斯”电视台法语频道，聘用了因政治理念不同而被排挤的法国记者，并给予他们充分的自由来主持节目，作为一个外国电视台，在报道“黄马甲”运动时的作用甚至超过法国主流媒体。还有很多民间的网络媒体应运而生，这些媒体用直播的方式，不加评论地播放抗议现场的视频，吸引大量法国民众甚至外国民众观看，使民众感受到网络媒体更加“客观”。

由于第二代互联网代表的技术架构和应用工具变革，更加强调人和人之间关系的深化，随之而来的社交媒体的发展催生政治参与类型的转变。2008 年，得益于奥巴马成功利用推特组织竞选活动，并最终成功当选美国总统形成的示范效应，2009 年全球又发生了三件具有里程碑意义的社会运动事件，即二十国集团峰会背景下爆发的伦敦万人游行，摩尔多瓦反对派不满该国议会选举结果而进行的街头抗议示威，以及伊朗改革派支持者反对艾哈迈迪·内贾德连任总统的大规模抗议活动。这三场社会运动的共性是较为普遍地将社交媒体作为参与者信息分享、情感共鸣和行动支持的重要渠道。2010 年爆发所谓“阿拉伯之春”真正将当时的“推特革命”这一技术驱动型概念推向前台。

新兴媒体技术也被称为“草根”的武器，这是由于社会地位相对低下、社会权力有限的中下阶层可以通过社交媒体获取信息、参与表达和采取行动，以表达个人的诉求，改变自己的不利处境，甚至改变社会现状。脸书和推特等社交媒体形成了有效的新型社会组织网络，其影响国家政权通常有以下几个步骤，首先在社交媒体上进行舆论宣传、反抗筹备，其次是有一个导火索引爆，接着开展利用数字化进行串联的街头抗议。

社交媒体让全球变成一个“地球村”，人们足不出户就可以实现互联互通。不同国家、民族以及各种社会思潮、思想在网络空间碰撞和交汇，关系着社会发展、国家安全等方方面面。网络赋权的强化带动民众公共话语权的提升。对国家主权的掌控越来越多地体现在对新媒体网络空间的掌控上。

社交媒体作为利益表达的平台，往往是冲突双方进行话语、利益和权力争夺的独特“战场”。约瑟夫·奈将网络空间还原成各种意识形态相互博弈、交锋的新战场，以及各个民族国家构筑自身国家形象、追逐软实力的新领域。以社交媒体为代表的互联网产品的出现，超越了传统意义上对新闻媒体控制国际话语权的关注，进一步拓展了以西方社交媒体为主导的信息流对舆论的引导和影响。在风险社会中，借助新媒体的产生，偶然的社会事件成为引爆社会情绪的导火索，但是否构成局部或全局性的社会动荡，考验的更是一国政府对舆论的控制能力。西方新媒体关于中国南海问题的报道、中国香港的“修例风波”等涉华事件的报道上偏离公正客观的轨道，表明我国的外部舆论环境面临着严峻形势。

对舆论空间的掌控意味着民族国家生存空间争夺战的深层延伸。2013 年 8 月 19 日，习近平总书记在全国宣传思想工作会议上指出:“在互联网这个战场上，我们能否顶得住、打得赢，直接关系我国意识形态安全和政权安全。”因此，在当今世界，构建符合中国国家安全利益，使其既能维护社会稳定发展，又能解决世界焦点问题的舆论体系，任重而道远。

“黄马甲”运动的教训也让我们看到，社会治理失当容易导致民生问题升级为政治问题，通过内外因素的催化，最终影响社会稳定，甚至危害国家政权。而社交媒体的发展从某种程度上可以帮助政府了解民意，更快地发现和掌握自身社会治理中存在的一些问题。因此，如何利用社交媒体，扬长避短，将其转化为对政府有利的社会治理工具，也值得长期探究。

拉美“优等生”也躲不开舆论飓风

2019 年，拉丁美洲多达 15 个国家陷入动荡不安之中，不断爆发的游行示威和暴力活动使得西半球面临着前所未有的挑战，甚至有人认为，其严重程度堪比 2010 年西亚北非国家发生的所谓“阿拉伯之春”，凸显此次拉美社会动荡的严峻性、复杂性和长期性。尤其值得注意的是，曾经是拉美国家“优等生”、南美国家最稳定的智利，也遭遇了“自 1990 年智利民主化以来最严重的社会危机”。在这场危机中，舆论是十分重要的社会力量，社交网络和媒体充当了“动员者”和“组织者”，引导民众意识，最终影响社会稳定，甚至引发了社会动荡。

2019 年 10 月上旬，智利首都圣地亚哥地铁公司以“运营成本增加”为由，宣布早晚高峰时段地铁票价由 800 比索（约合 7.97 元人民币）涨至 830 比索（约合 8.27 元人民币），引发学生群体不满。他们采取“跳闸进站”坐“霸王车”甚至集体占领车站等方式抗议。此后，政府的“强硬态度”导致民众的不满情绪爆发，事态不断升级，示威活动向暴力化发展。时任总统皮涅拉宣布圣地亚哥进入“紧急状态”，大批军队入城接管市政，这是自 1990 年智利民主化以来首次在首都实行宵禁。军队介入、全市宵禁非但没有扑灭抗议的浪潮，反而激怒了民众。2019 年 10 月 25 日，首都圣地亚哥有多达 120 万名民众走上街头，呼吁政府经济改革。示威者打出“不是 30 比索，而是 30 年”的口号，占领总统府前广场，纵火、哄抢、破坏交通基础设施，甚至要求总统辞职，民众长期压抑的不满情绪集中爆发。民众与武装警察发生冲突，造成数百名平民和警察在骚乱中伤亡。时任总统皮涅拉支持率一个月间由 30% 跌至 13%。皮涅拉采取电视上道歉、撤换内阁、“撒钱”等举措均无法平息民怨，仅 10 月一个月，动乱就导致智利经济至少损失 14 亿美元。由于抗议仍在持续，2019 年 10 月 30 日，皮涅拉不得不宣布取消即将在智利举办的亚太经合组织领导人非正式会议和联合国气候变化大会，并表示此举是为集中精力应对自 1990 年该国民主化以来最大政治危机，是一个“艰难但明智的决定”。2021 年 10 月，智利再次爆发大规模反政府游行示威，示威者声称“纪念 2019 年大抗议两周年”。

智利素以政治稳定、经济开放、制度完善著称，综合竞争力、经济自由化程度、市场开放程度、国际信用等级均为拉美之首，被世界银行称为“拉美经济奇迹的样板”。2010 年智利加入“富国俱乐部”经济合作与发展组织，被公认为首个跨越“中等收入陷阱”的拉美国家。从智利现代化发展历程来看，以新自由主义为蓝本，全面推行私有化、市场化和自由化的“智利模式”功不可没。

近年来，“智利模式”暴露出诸多弊端，导致发展模式失灵，民心思变。智利社会严重不平等，是经济合作与发展组织成员国中贫富差距较大的国家，基尼系数高达 0.46，收入不平等、性别薪资差距日益恶化。20 个家族财团掌握全国近 70% 的财富，占人口 1% 的富人掌握着 26.5% 的财富。由于智利长期奉行“小政府、大市场”模式，教育、医疗、交通等公共服务价格高企，低收入家庭甚至无法承受每月最低开支；养老金体系私有化更使工薪阶层危机感不断攀升。为挣破社会的不平等，智利民众也尝试过用教育来改变自己的命运，但是现在逐渐壮大的精英私立教育，从起跑线上就抛弃了那些没有资源的孩子。智利民众看到，金字塔顶端的富人——皮涅拉本人就是亿万富豪，坐享荣华富贵，而自己只能忍受品质低劣的卫生、医疗、教育等公共服务，以及长期停滞的薪资与不断上涨的生活成本，社会不满情绪积压。于是，看似不起眼的票价上涨，竟成为引发社会骚乱的最后一根稻草。智利大学学者罗德里戈·布斯在接受《华盛顿邮报》采访时说，“这好比是一个经济压力锅，焖了数十年，现在爆炸了”，“这次示威活动与公共交通无关，反映了残酷且不平等的社会现状”。

以皮涅拉为代表的精英阶层，起初仅将此次智利示威活动视为一种社会失范和失序，想通过他们擅长的“政治秀”再次将民众的怒火抚平，但这种做法反而更加激怒了抗议民众。抗议者来自各行各业，既有底层的贫困者，也有中产阶级，除了最精英的人群，几乎所有的智利人民都参与了抗议，尤其是年轻人。

在智利这场骚乱中，舆论就像唤醒智利民众的一剂“药”，每个身处不平等地位的底层民众，以及那些不得以从中产阶级返贫的民众，都在社交媒体上传递信息、攻击政府、发泄愤怒。抗议活动是一种自发运动，由社交媒体进行串联，没有明确、集中的领导，没有任何合法的社会组织可以代表，因为智利所有的社会组织都参与其中。他们要求真正实现个人自治，不再压抑心中的不满，敢于对旧有秩序说“不”。他们不再畏惧寡头的垄断，要打破与精英阶层的藩篱，他们反对的不仅仅是统治阶层或是富人，他们要推翻旧秩序，建立新的社会规范，改变政治体制，加强社会福利和经济干预等。在抗议示威后，他们也会通过在社交媒体上传播信息来庆祝胜利。

拉美国家素有抗议示威的传统，但以前的示威活动基本上是由工会或政党等实体组织动员。2019 年智利的示威活动具有三个特征：年轻人的大量参与、传统政治组织的缺失以及数字媒体（尤其是社交媒体）作为一种政治组织形式的广泛使用。年轻人对传统的政治参与形式感到失望，但并不意味着他们没有其他形式的非制度性政治参与。智利的抗议示威就是由社交媒体进行联络、组织和动员的。抗议者通过脸书、照片墙、瓦次普、推特等社交媒体进行沟通、联系、交流。尤其是那些思想活跃、行动力强的 18—35 岁青年成为此轮抗议浪潮的主力军。在智利，“低头族”主导和“群龙无首”成为此轮抗议浪潮最鲜明的特征。有拉美媒体对此进行评论：“与 20 世纪下半叶不同，拉美民众运用了现代科技成果进行组织和动员抗议活动。在智利，学生们通过使用社交网络来动员和组织示威抗议活动。”

智利的社交媒体在联合民众进行抗议活动、传播示威信息和口号的过程中发挥了重要作用。智利内政部在 2019 年底提交了一份 112 页的报告，其研究主题是在智利暴力示威期间社交媒体上的流行话题及用户行为。为此，该报告通过大数据收集分析了 2019 年 10 月 18 日至 11 月 21 日期间，推特、脸书及照片墙上近 500 万用户的 6000 万条相关评论。其中，1158 万（占支持示威言论的 19.3%）条评论来自海外账号，31% 的支持示威言论也由外国用户发布。该报告点名了一批在示威议题上具有影响力的用户：如“今日俄罗斯”电视台、委内瑞拉南方电视台等媒体、阿根廷左翼领袖以及智利国内外的名人。根据立场及影响力，这些用户被划分为五类群体，其中人数最多的是“年轻人”群体。在该群体中，最受欢迎的平台依次是瓦次普（96%）、脸书（86%）、照片墙（77%）、油管（76%）和推特（21%）。该报告指出，这些年轻人此前往往不关心政治，多为粉丝数不足5000的“草根”，但深受社交媒体的影响。他们对总统的执政理念不熟悉，一旦自身陷入困境、生活难以为继，首先就是抒发自己的愤懑，缺少对政治共同体的认同感。不仅是年轻人，智利底层民众迫于经济压力，对政治的关注度下降，对政府失去了信心。智利民众普遍对政党的认同度和对政治机构的信任度较低，自1990年以来，选民投票率不断下降。

社交媒体不仅在组织动员方面发挥了作用，在民众对政党信任度较低的情况下，社交媒体还可以部分取代政党传统上的领导和代表职能。骚乱发生的最初7天，“草根”们共发布超过400万条帖子，被认为在动员示威者的过程中扮演了“历史性”角色，对于鼓励及传播示威活动起到了推波助澜的作用。据“拉美晴雨表”的数据显示，拉美主要国家对于政府的信任度皆为负面，大多数民众持不信任或是有点信任的态度，智利也不例外。在这种政治意识淡漠、国家意识薄弱的情况下，舆论成为影响民众意识的重要因素。

智利在过去十几年中，社会抗议活动数量有所增加。2006 年以来，智利发生了一系列学生抗议活动，开启了一个新的政治阶段，街头政治开始被视为制度政治的替代方案。2011 年智利又爆发新的学生抗议活动，数千名学生走上街头，发起学生运动，要求更高质量的教育和社会正义，催生新政党和联盟的出现。2016 年，智利全国 75 万名抗议者参加了反对 1980 年军事独裁建立的强制性私人养老金制度的全国游行。2018 年，女权运动在智利兴起。从那时起，社交媒体在组织这些抗议活动方面就发挥着巨大作用。2006 年的抗议者依靠手机短信来交流和组织示威，而 2011 年以后的参与者则使用脸书或推特等社交媒体平台来实现抗议目标和诉求。在 2019 年的抗议活动后，智利民众对传统媒体的整体信任度下降了 30%，社交媒体在社会事件中的影响力不断提升，反之又推动了社交媒体自身的发展。新兴、小型和高度细分的媒体企业如雨后春笋般涌现，这些新兴媒体不仅与主流媒体争夺受众，还为独立新闻业提供机会，摆脱之前由精英控制的媒体系统霸权。因此，社交媒体更加有助于塑造智利的社会政治事件，挑战了社会和经济精英控制和制定国家政治议程的权力。

从拉丁美洲范围看，智利的动荡受到了拉美国家社会动荡相互“传染”的影响。2019 年初委内瑞拉、危地马拉、海地、尼加拉瓜、巴拉圭、洪都拉斯等国爆发大规模群众抗议活动，到年中巴西、阿根廷、墨西哥、秘鲁等国爆发大规模的罢工或示威游行，再到年底智利、厄瓜多尔、哥伦比亚、萨尔瓦多等国爆发大规模的群众示威抗议活动，甚至在玻利维亚，抗议活动迫使三任总统莫拉莱斯辞职。拉美国家，无论大小、强弱，如多米诺骨牌一样，接二连三遭遇危机，且各国抗议活动之间相互呼应、同频共振，产生了巨大影响。在这种全民皆乱、集体“声讨”当权者的舆论氛围中，智利民众也被点燃了。

从全球范围看，2019 年的拉美乱象并非偶然，与世界其他国家的抗议活动产生联动，共同构成了全球乱象。2019 年，从非洲的苏丹、南非、埃及、阿尔及利亚，到亚洲的伊朗、黎巴嫩、伊拉克、韩国、印度、巴基斯坦、尼泊尔、印度尼西亚、哈萨克斯坦，再到欧洲的西班牙、德国、瑞士、罗马尼亚、塞尔维亚、马耳他、俄罗斯、法国、英国，以及北美洲的美国等，全球大约 40 个国家和地区爆发了各种各样的抗议活动。尽管这些抗议活动没有直接的因果关系，但相互传导、相互仿效、相互影响。例如，智利和厄瓜多尔抗议者“打砸抢烧”的行为受到了法国“黄马甲”运动的影响。有人将智利的骚乱类比 2019 年上映的美国大热电影《小丑》，影片中的“小丑”即是每个国家都有的“边缘人”和底层民众，电影映射了社会阶级悬殊和贫富差距分化，利用了底层人们积累的愤懑、怨怼，为他们找到了一个发泄的管道：犯罪，不断地犯罪！这样的氛围传播到了现实生活中，智利民众对生活的不满由《小丑》这个“扳机”扣响了，他们模仿“小丑”的所作所为来外化自己内心的愤怒。

以智利等拉美国家为例，在互联网时代，民众借助网络舆情发泄愤怒，最终演变到影响国家政权稳定的程度。这对处在推进现代化进程中的国家有一定的启示。

在我国的政治生活中，舆论导向具有极端的重要性，特别是进入互联网时代，新闻传播格局发生很大变化，舆论热点频出，各种杂音噪音不断。新形势下的网络舆情呈现出“全民化”“全事件化”“全过程化”“跨平台化”等特征。在传统媒体时代向智能传播时代转型过程中，准确可观的网络舆情已成为民意的“晴雨表”和社会的“解压阀”。面对众声喧哗，党的新闻舆论工作必须始终牢牢坚守主流舆论阵地，做到所有工作都有利于坚持党的领导和社会主义制度，有利于推动改革发展，有利于增进全国各族人民团结，有利于维护社会和谐稳定，确保舆论导向正确，为改革开放和社会主义现代化建设营造良好舆论氛围。

参 考 文 献

1 吴洪英：《百年变局中迷茫的拉美》，《现代国际关系》2020年第6期。

2 Bernardo Navarrete, Victor Tricot, "The Social Outburst and Political Representation in Chile", Springer International Publishing, 2021.

3 Mauricio Morales Quiroga, "Estallido Social en Chile 2019: Participación, Representación, Confianza Institucional y Escándalos Públicos", Análisis Político, Enero-Abril 2020.

4 Amanda Taub, "'Chile Woke Up': Dictatorship's Legacy of Inequality Triggers Mass Protests", The New York Times,Nov.3,2019,https://www.nytimes.com/2019/11/03/world/americas/chile-protests.html.

5 Maria Borselli, "What's behind Chile's Protests", Atlantic Council, Dec.9,2019,https://www.atlanticcouncil.org/blogs/new-atlanticist/whats-behind-chiles-protests/.

6 Olivier Fillieule, Alexandre Dafflon, "Yellow Vest Movement (France) ", Wiley Online Library, Sep.27,2022, https://onlinelibrary.wiley.com.

7 Stefan Kipfer, "What Colour Is Your Vest? Reflections on the Yellow Vest Movement in France", Research Gate, https://www.researchgate.net.

6

第六章

舆论战与认知战

舆论战与认知战是现代信息战争的两个核心概念。舆论战主要是通过传播信息和观点，影响和控制公众舆论，从而达到政治、经济和军事目的。而认知战则更加深入，它旨在影响、控制和操纵敌方决策者和公众的认知、情感和意志，从而达到战略目的。

美国是舆论战与认知战的主要实践者之一。其主要机构包括中央情报局、国家安全局和心理作战指挥部等。这些机构不仅在美国国内进行舆论和认知战，还在国际上进行广泛活动，以维护美国的国家利益。

俄乌冲突是舆论战与认知战的一个典型案例。在冲突爆发之初，俄罗斯和乌克兰都试图通过媒体和其他手段，塑造有利于自己的舆论环境。例如，俄罗斯强调克里米亚是其历史领土，而乌克兰则强调克里米亚是其领土的一部分，不容分割。

在这场舆论战中，美国也发挥了重要作用。美国的主要媒体和政府机构都对俄乌冲突进行了大量报道和评论，大多数都持反俄立场。此外，美国还通过其情报和军事机构，对乌克兰提供了大量的支持，包括情报、武器和训练等方面。

但更为深入的是认知战。在这场冲突中，双方都试图通过心理战、网络战和其他手段，影响和操纵对方的决策者和公众的认知、情感和意志。例如，俄罗斯通过其国家媒体和网络军团，对乌克兰和西方国家进行了大量的宣传和攻击，试图塑造一个有利于自己的认知环境。

总的来说，舆论战与认知战是现代信息战争的两个核心概念，它们在国际政治和军事冲突中发挥着越来越重要的作用。在这个信息化时代，了解和掌握舆论战与认知战的策略和技巧，对于维护国家安全和利益至关重要。

舆论战，网络热点背后的暗流

舆论战是指系统性地控制或影响媒体，策划、制造、筛选和传播信息，以达到宣传己方立场、反驳与削弱对己不利的或对方的立场。发动舆论战的一方既以己方的民众和军队为目标，也以对方的民众和军队为目标；既要使己方坚信其所宣扬的各种主张、目标，也要利用各种舆论手段影响甚至攻击敌方，以削弱其精神、心理、思想为目标。《中国军事百科全书》中称，舆论战的主体既包括发动舆论战的国家和政治集团，也包括舆论战实施的作战队伍。舆论战的客体即舆论受众，指受到舆论战所影响的群体。舆论战的作战手段，既包括电视、广播、报刊等大众传播媒介实体，也包括对这类传播媒介的高技术运用。

随着高新技术尤其是信息技术的发展，舆论可以迅速传播到世界各地，渗透到社会生活的各个角落，转化为影响和制约战争的重要因素。在信息化时代，社会全天候被各类信息包围，智能手机、有线电视与社交媒体无处不在，信息的传播已经到了可用“秒”甚至“毫秒”计算的时代。无论民众还是军队，都能以迅疾的速度追踪对方的行动和言论。现代条件下的舆论战，是战争双方的政治战、精神战，舆论能发挥出更加巨大的作用和威力，各类真假消息使信息的接收方混淆所接收到的信息，从而影响甚至改变其立场。信息化战争对大众传媒的依赖程度越来越高，舆论战已经被提升到战略层次。现代战争更加重视精神和意志的征服，舆论战作为引导和调控大众传媒、摧垮敌人的政治信念、销蚀其对抗意志的重要手段，已逐步成为一种相对独立的作战活动。有效的舆论造势可以鼓舞民心、激励斗志，产生强大的凝聚力。舆论战已经成为信息时代赢得战争主动权的重要手段。

从舆论战的目的分析，一方面是有组织、有计划地扩大对己方有利的宣传，以影响对方；另一方面是阻断、削弱不利于己方信息传播的渠道。这两方面是相互配合，互为支撑的。基于舆论战的两面，信息时代的舆论战已经具有了新的特点。

其一，舆论战效果成倍扩大。随着高新技术尤其是信息技术的发展，信息可以迅速传播到世界各地，渗透到社会的各个角落，转化为制约战争的重要因素。现代条件下的舆论战，是战争双方的政治战、精神战，能发挥出更加巨大的作用和威力。在冷战结束后的多场战争中，舆论战均高效地发挥了倍增器的作用。随着技术的不断发展，其产生的效果呈指数级增长。各国认识到舆论战对战争内外产生的巨大助力，开始提升舆论手段的运用能力。

1991 年爆发的海湾战争，是人类历史上第一次电视实况直播的战争，人们从中可以明显地看到舆论战的威力。战争期间，美军特种部队设立的“海湾之声”广播电台，每天用阿拉伯语对伊拉克军队广播达 18 个小时，以瓦解军心。通过现场实况直播，世界各国除了了解美国的军事实力与先进战术，更多的是被现代战争的真实场景所震撼。在 2003 年 3 月 20 日至 2011 年 12 月 18 日发生的伊拉克战争中，美军将舆论战的功能发挥到了极致，战争进程之中无处不充满舆论迷雾，新闻满天飞，真假难辨，先声夺人，牢牢掌控了战场制认知权，开辟了用谎言和虚实结合的“第二战场”，以最小代价实现最大的政治和军事目的。美国的两场战争，可谓舆论战实践的典型战例，其取得的效果不仅仅局限于战场，而是配合战场形势，获得了地区乃至国际影响。

2014 年俄罗斯“收复”克里米亚的作战中，舆论领域的配合同样为此次行动的成功发挥了重要作用。在 2014 年之前，俄罗斯就开始利用宣传阵地塑造克里米亚的亲俄环境，煽动俄罗斯族民众的“爱国”情绪。俄罗斯电视台频繁播放有关俄乌历史、苏联历史的影片与访谈节目，阐述“克里米亚自古就是俄方领土”；同时批评乌克兰政府腐败严重，且受制于西方。克里米亚本就是俄罗斯族聚居区，俄罗斯常年的宣传导致当地民众对基辅政权十分反感，积极要求“回归”俄罗斯。2014 年 2 月，乌克兰街头革命演变为流血冲突，亲西方势力上台。俄罗斯迅速制订了夺取克里米亚的计划，且在媒体上对行动保持缄默，加之俄军迅速、准确的军事部署，使克里米亚在西方尚未反应过来时已落入俄罗斯手中。

其二，网络空间已经成为舆论战的主战场。在国家间发生冲突时，网络媒体与社交平台发布的信息可以成为实现地缘政治目标的有效手段，当事方甚至可以利用发布的舆论信息迫使对手做出战略误判或错误决策。同时，信息领域的相互攻防也与军事、经济、情报、外交等手段相结合，在一定程度上放大了网络信息的作用，也可使一国以较小的成本获取较大的政治利益。互联网技术的发展及短视频的流行更加促使现代化战争进程“毫无隐瞒”，也为各国利用“宣传”“虚假情报”与“心理攻势”等手段谋求战场优势提供了空间。

当前，由于舆论信息的快速产生以及传播速度不断提升，相比于电视、广播甚至纸质媒体，网络已经成为各国实施舆论攻坚的主要阵地甚至主攻方向。一方面，网络空间中的舆论战技术迭代迅速，已进入“智能化时代”。传统舆论战的实施主体既有宣传部门、媒体机构、智库，也有新闻发言人、意见领袖和普通民众等。而随着人工智能技术的飞速发展，网络舆论战的主体已经拓展到了各种“非人类主体”，例如写稿机器人、对话机器人、虚拟博主等，或通过深度伪造技术，编造出高逼真甚至难以甄别的信息产品，使普通受众无从分辨。

另一方面，与传统媒体不同，网络宣传的单一性与排他性容易引发受众情感认知上的冲击。网络信息看似开源，但“选择太多等于没有选择”。面对海量信息，民众并不会逐一甄别、理性分析，而往往倾向于选择迎合自身爱好或有助于印证自身判断的信息。在面对不确定的信息或众说纷纭时，网络受众总是希望能够快速获得结果，以加强自身对某一事件或对象的刻板印象。目前网络大数据提供的智能算法能够深刻解析用户接收需求和兴趣动向，总结行为模型，描绘用户画像，发现内在规律，并确定信息推送的最准内容、最佳时机、最优路径，提高精准区分受众、差异传播的准确率和致效强度。在舆论宣传中，各国经常利用网络媒体传播快、便于分享的特点，选择在特定时间节点发布极具冲击性的图像、视频以及被片面截取的事件“真相”，以此加大说服力，助推网络受众产生非理智情绪，加剧各方情绪冲突与情感对立。

其三，一般网民成为舆论战的重要参与者。自古以来，战争中即无法忽略人的因素。中国古代军事思想家、“兵圣”孙子与“西方兵圣”、普鲁士军事理论家克劳塞维茨都将民众的支持与战争联系在一起。一场战争的发动与结果，民众的参与和支持均起着十分重要的作用。这其中，最主要的原因是民众是各国军队的主要来源，也是交战国领导层立场与态度的执行者。在战争中，利用舆论手段影响敌方民众的精神与信念并最终耗尽其意志，取得的效果甚至比占领领土或造成人员伤亡更好。“夺其心，去其志”，正是孙子所谓“屈人之兵”的最佳体现。毛泽东在其军事论述中也多次强调战争的“群众性”，认为民众积极主动参与战争可以最大程度地消耗和疲惫对手。“人民战争”也是毛泽东军事思想的核心之一。

进入工业时代甚至信息时代后，民众对于战争的参与已不仅仅局限于筹运物资、传递情报、袭扰敌军等传统手段，而是被赋予了新的内涵。在信息迅速传播且真假新闻充斥的今天，民众一方面对于各类信息的接收门槛大大降低，另一方面又容易受到各类信息的影响和干扰。与此同时，网络信息空间以及社交媒体的高度发达，使得每一个普通人都能成为传播源头，甚至是具有重要影响力的信息源。

在目前仍在进行的俄乌冲突中，俄乌双方以及全球的普通民众都在关注，同时也在参与战争，其参与程度超过了以往的任何战争，无怪乎西方许多观察家认为，俄乌冲突是第一场真正意义上的“网络时代”战争。普通民众成为信息的发布者。社交媒体与短视频的兴起培养了一代新网民，他们乐于分享生活，随手记录所见到的事实，并且通过网络“大V”的转发，能迅速成为舆论的制造者甚至操纵者。在俄乌冲突中，前线军队的调动、武器的使用甚至士兵作战的真实场景都可以通过社交网络被全世界所知。许多民众在前线拍摄到的画面，其可信性与真实性甚至超过官方媒体。

大量“网络军事博主”成为影响战场的不可忽视的力量。俄乌冲突中，许多拥有军事背景的人员或军事爱好者为获取流量、提高知名度，积极研究、分析、发布战场信息，评论战争形势甚至预测战争走势。这些军事博主迎合了民众对于官方媒体“宣传意味过浓”“新闻报道缺乏细节”的不满情绪，将交战双方的兵力配置、调动情况、战场得失、战术运用进行详细分析，同时还对交战双方的战术决策进行点评。在俄罗斯从哈尔科夫、赫尔松撤军后，其国内大量知名军事博主开始分析俄军失利原因，并批评俄罗斯国防部甚至政府，给俄罗斯精英层较大压力，也间接导致了俄罗斯在 2023 年初将总参谋长格拉西莫夫调往前线，试图发起新一轮进攻，以争取民众尤其是网络意见领袖的支持。

民众遵守“舆论纪律”为战争服务。在信息化战争时代，民众在通过自身传播塑造战争形态的同时，也在适应着战争。俄乌双方均认识到在战争中信息、情报以及网络资源传播的重要性，也认识到本国民众与军队需要遵守一定的“纪律”以减少己方损失。冲突之初，乌克兰方面就发布倡议，呼吁民众不要在网络平台上传带有路牌、地图信息、标志性建筑物的照片，更不要在社交媒体与各种软件中标记定位，以免被俄方刺探；同时开发手机应用，鼓励民众在发现俄军调动或无人机时使用该应用上传定位，以方便乌军了解俄军动向。乌克兰还教授民众如何忽视或反击俄方宣传的办法，呼吁其在网络空间多宣传俄方所谓“战争罪行”。俄方同样要求士兵不可泄露驻地定位与作战行动，禁止使用社交媒体等。

认知战，没有硝烟却决定胜负

进入 21 世纪，互联网与物联网技术快速发展与普及，世界被网络更加紧密地联系在一起。人类创造并发展了科学技术，而科学技术也在塑造着人的行为，并深刻影响了人们的交往方式以及相互关系，甚至改变了社会组织形式和国家间交往的“游戏规则”。“攻心为上”在被首次提出的两千多年后再次焕发了生机，围绕“叙事”的较量成为各国战略博弈与竞争的新战场。随着科技水平的不断进步与前沿技术的持续迭代，国家之间的博弈和对抗早已拓展到信息领域与认知领域，这些“没有硝烟的战场”已然成为了各国争夺的新高地。

认知战，是一种结合多元领域技术企图制造冲突的手段，聚焦心理意识之攻防，旨在影响个人、团体或国家对某一问题、事件或局势的思考方式。认知战的目的，在于透过释放信息，影响并破坏社会既有的、互相信任的网络，并加深对立。

认知战的理论渊源最早可追溯到克劳塞维茨的《战争论》。在该书中，克劳塞维茨强调战争是政治通过其他方式的延伸，是包括贸易、外交以及人民和政府间互动的所有因素的统一体。战争的根本目的是找到并击垮对手“重心”，不仅要击败敌国的军队，还要摧毁对手的精神。克劳塞维茨的观点与《孙子兵法》强调的“不战而屈人之兵”的思想有着异曲同工之处。认知战的“重心”，是以人脑为主要作战空间，以打击、削弱和瓦解敌国个体或群体的战争意志为目标，以焦虑、猜疑、恐惧等心理弱点为突破口，重点依托情报战、心理战、舆论战、网络战等软杀伤手段，在敌内部制造不安全、不确定、不信任的政治氛围，加大其内斗内耗和决策疑虑，最终导致战争体系自行瓦解，实现“不战而胜”。

塑造敌人的思维方式、控制信息流、赢得战争的同时避免实际战斗的思想已经成为东西方军事理论家的共识。20 世纪 70 年代，美国战略家约翰·博伊德在克劳塞维茨思想的基础上，将人类所有冲突总结归纳为消耗战、机动战和精神战三种类型，并由此提出了著名的“观察—判断—决策—行动”理论。其中，作为认知战的思维内核，约翰·博伊德强调的精神战的基本内涵主要指，通过直接或间接、暴力或非暴力手段制造、利用和放大敌方个体或群体的焦虑、猜疑、恐惧心理，在其内部营造不安全、不确定、不信任的政治氛围，从而有效削弱、破坏、瓦解对手战争意志，致使其全面崩溃。这套战法在美国对苏联竞争战略当中得到了充分运用，也成为美国重点针对大国竞争对手而定制设计的一种介于平战之间“灰色地带”的对抗方式。

自“9·11”事件以来，特别是自阿富汗战争以来，互联网的兴起使得认知战的形态发生了改变，网络媒体几乎将每个人都变成了信息的收集者和传播者。改变对方民众的思想和精神不再需要铺天盖地的新闻报道或经年累月的电视、电台节目播送，一部智能手机和几分钟的空闲时间，就足以影响一个人的立场与认知。2017 年 9 月，美国空军前参谋长大卫·古德芬首次在军事上提出了认知战的概念，强调“战争形态正由消耗战向认知战方向转变”，这也标志着认知战逐步成为美国作战概念创新的重要内容。

第一，认知战是集网络战、信息战、社会战、心理战和人工智能战大成的综合体。尽管它的目标极其宏大，但是做法上却具体细微，涉及社会生活的各种议题，因而难以被察觉。网络战和信息战并非局限于新闻和各种媒体之中，而是全方位地对信息、知识、事实和消息重新格式化。在此过程中，从新闻分析到社会学数据，从教学课程到电视节目，从经济形势到国际事件，一切都被重新调控，加以改变，以便不知不觉、潜移默化地影响人们的认知和心理。在社交媒体中，已有数以百万计的社交机器人“居住”其中，模仿人类用户行为习惯，制造舆论“共识”，散布虚假信息，与人类用户进行交互，影响人们的选择。在美国大选、英国“脱欧”、俄乌冲突等重大事件中，社交机器人均发挥了很大作用。各种势力通过基金会、股份、项目等方式影响网络传媒跨国公司，而公司又以“客观”的商业面貌隐蔽地影响受众。今天的情况更为复杂，某些势力通过政治经济手段在背后操控，促成上述“流水线”运转。美国的媒体、基金会、智库的数量在世界上首屈一指，对世界的影响力不容小觑。这些机构多标榜其与政府无关，属于“自由”市场经济条件下的“独立”行为体，实际上由美国财团在幕后运筹帷幄，政界领袖、金融大鳄和各界精英默契配合。美国政界的一句俗语道破机密："人们需要真相吗？那我们就来制造真相。"

第二，认知战以技术操纵人们的意识、情感和情绪。在大数据时代，个人的头脑无法处理海量数据，主导数字经济领域的公司掌握人工智能的力量，将为认知战提供操纵人类思想甚至改变行为的能力。人们对大数据的依赖，以及有意识和无意识产生的大量数据行为，使人类越来越像机器一样行事，也越来越容易被操纵。人们在工作、生产、生活和休闲娱乐中都越来越离不开网络。因此，认知战便具有很强的隐蔽性和渗透性，随时随地影响着人们的思想、观念和情感。认知战与常规战争不同，它不宣而战，平战结合，军民一体，全时累积，常态在战，随时在战，平时塑造影响，战时效能逐步释放。率先发声的认知叙事策略具有很强的进攻性，压制对方形成话语主导权，就能够塑造对方受众的思维习惯，引导对手跟风追随，从而实现认知打击。认知战中的网络战也出现了变化，从个体黑客到网军出击，从攻击单个领域到多个领域，手段从木马、病毒到漏洞、后门、仿冒服务器等，从窃取情报、破坏重要设施到影响人心等，危害性更大。

第三，大众自我传播造成人们主动参与认知战。社会化网络通过有机网络运行，数字传播已成为许多人日常生活的一部分。个人直接参与复杂的传播行为，人际传播、大众传播和大众自我传播三种方式共存、互动和互补，已经成为当代社会的新特征。如果运用得好，它确实具有社会批评、监督民主和改善法治的潜力，在一定范围和一些事件中也有成功案例。然而大众自我传播总体上所具有的弱点却更加突出，为认知战提供了无比巨大而广泛的温床。首先，参与者对社交媒体的使用非常不平衡，社交媒体实际上成为了少数人和主流媒体所主导的领地。其次，社交媒体并未拓宽交流的范围，反而强化了既定的社会等级和封闭的社会群体。再次，大众自我传播所强调的自主性往往要实现个性化，过于分散强烈的个性化恰恰不利于社会的现代化和政治变革。最后，因为互联网有参与性和互动性，参与者感到自己可以与技术相连，成为宏大事业的一部分，由此产生了对抗运动的可能性。认知战利用大众自我传播和自我组织进行颠覆活动和“颜色革命”的事例比比皆是，如“阿拉伯之春”“天鹅绒革命”，等等。如果缺乏正确的领导，大众参与的个性化造成思想和行动的多样化、碎片化、分散化和极端化，只能造成混乱和动荡。德国哲学家和社会学家哈贝马斯认为，广义多元主义是协商民主的威胁，而非救星。大众自我传播往往造就了大量激进的网站和讨论小组，只和观点类似的网站链接，观点会变得更加极端。它使群体甚至社会观点两极分化，社会认同撕裂，难以达成共识。这正是认知战能乘虚而入的原因，也是它千方百计想要达成的结果。

第四，从改变认知到改变认同。西方认知战企图使各国人民失去自己的文化精神和自信，认同和顺应西方的价值观，维持西方的全球统治地位。西方国家常见的历史叙述掩盖或淡化殖民暴行、战争罪行和种族灭绝，甚至将这些行径宣扬为“建设文明带来自由”的“善举”。“思想殖民”并非限于历史叙述，而是继续存在于认知战中。例如，2003 年美国非法入侵伊拉克，以“洗衣粉”作为萨达姆拥有生化武器的罪证，把伊拉克说成“邪恶帝国”，而美国则是去“解救”其人民的“先知”。即使在真相暴露的今天，美西方也从未道歉，从未对至今仍处于混乱的伊拉克承担罪责和进行赔偿。中国、俄罗斯、伊朗等国家更是西方认知战的重点目标。

认知战追求一些与传统战争形式不同的作战目标。

一是改变对方认知。这也是认知战最为核心的目标。以敌国政治决策层为核心目标，以情报战为主要手段，重点利用对手盲目跟风的心理。发动国通常以舆论宣传为依托，通过高调宣扬某种虚假或不切实际的构想或主义，对敌方实施虚实结合的诱导和欺骗，诱使对手与己方进行对等性、对称性对抗，从而制造、利用和放大其战争体系与作战体系的脆弱点，扰乱其军力发展目标、方向和节奏，造成其军事—经济结构畸形发展，最终拖垮其经济，为后续政治颠覆策略实施提供支持。冷战时期，美国对苏联推行的“星球大战”计划就是典型案例。

二是直接威胁政治安全。这是认知战的最终目标。以敌国民众为实施对象，以网络社交媒体为平台，以外交战略为指导，以舆论战、心理战、网络战等软杀伤手段为依托，重点利用敌国军、政、民关系的心理缝隙，通过散布虚假信息、灌输西方价值观、毒化青少年思想、培植“第五纵队”等方式，虚化敌国民族意识和历史认同，破坏其教育体系和生活方式，动摇其意识形态和价值观基础，激化其民族宗教矛盾和内部政治问题，持续离间其军、政、民关系，不断制造消耗其资源能力的“战略溃疡”，割裂维系其社会稳定、政治信仰与国家统一的精神纽带，从而诱发政治动乱，使其不战而亡。美国策动的多起“颜色革命”就是主要例证。

三是削弱对方作战能力。这是认知战最直接的目标。以敌国军队为主要焦点，重点是以人工智能、5G 技术和无人作战系统等高新技术群为依托，最大限度寻找、制造和利用敌方战争体系或作战体系弱点，形成先知、先占、先发制人的认知—行动优势，并通过高调展示某些颠覆传统战争规则的新技术、新装备、新战法，将不成比例的战争成本或作战风险强加于敌，以有效破坏对手作战企图，“劝阻”其放弃战略竞争主导权，同时依托网空、太空和特种作战等不受时空因素限制、可在全球灵活切换的精锐兵力，对敌方某域作战力量实施出其不意的跨域破击，以增加其防范难度，强化其恐惧心理，削弱其作战决心，“拒止”其实现目标，使其陷入动必受制、战必持久、打必生乱的不利境地。美军“多域作战”概念就是主要代表。

对于国家安全领域而言，认知战最直接的影响就是作用于意识形态领域。意识形态安全是政治安全的基础，在国家安全体系中占有极其重要的地位，国家舆论安全是意识形态安全的有机组成部分。有效维护国家舆论安全，化解新矛盾、新挑战，需要做到以下几点。

首先，打赢认知战远非一日之功，任重道远。上兵伐谋，攻心为上。在百年大变局之下，认知领域已然成为大国博弈的前哨。西方数百年来形成的舆论霸权与意识形态输出表现为成熟且分工明确、具有良好隐蔽性的话语体系，这种体系在当前的网络环境下仍有较强的传播性和破坏性。因此，在认知域的争夺显得尤为紧迫，其关乎谁能在大国竞争中夺取主动权。习近平总书记曾深刻指出，“谁掌握了互联网，谁就把握住了时代主动权；谁轻视互联网，谁就会被时代所抛弃”。网络科技带来的意识形态安全挑战已经十分严峻，需要我们从战略上保持警醒，充分认识到面临的安全风险。同时，要对意识形态与认知域的斗争保持战略定力，改变认知绝非易事，也难以量化，只有久久为功，才能有所收获。

其次，打好认知战最主要的仍是进行能力建设，就是具备快速响应的事实核查能力。比如深度造假的视频能否得到有效识别；那些被错用照片的原始的、真实的、准确的出处能否被及时发现；一些似是而非的信息内生的逻辑，尤其是涉及一些专业知识和术语的时候，能否有专门的团队进行有效反驳。

最后，认知战需要法律和相关的惩戒性行动能力的建设。就是要有相关的标准，当特定虚假信息的传播造成严重危害的时候，能够有一定依据地采取行动对其进行惩戒和处罚。同时用好舆论工具，可利用大数据等手段，完整、系统地模拟不同受众的舆论热点和受众心态。全面做好认知战场的方案预案，精细化设计认知域作战的战法策略，靶向化制作和储备“认知武器”。

美国的“谣言制造机”——舆论战的专业部队

美国历来擅长引导舆论打压异己，拉拢盟友占据全球道德高地，将大国博弈歪曲成“自由对抗极权”“民主对抗专制”的叙事。近年来，美国热衷于将中国政府塑造成背离人类共同价值观的“危险存在”，在各种国际平台、舞台对中国“教师爷”般颐指气使，并不断进行意识形态渗透。随着时代与社会的不断变迁，美国的舆论机构也在不断迭代更新、重装适配。

舆论战、认知战作为继海、陆、空、天、网之后的重要作战领域，历来是美国用于地缘政治和大国博弈的重要手段，它具有完备的体制机制与先进的工具战法。美国的舆论、认知作战主要以各类机构组织、公共媒体、社交网络等平台为依托，以国务院、国防部等政府部门及情报体系为支撑，通过改变目标群体的观点、价值观和利益来实现特定的作战目的。其在策略上既继承了冷战时期的经验手段，又对资源进行了优化升级，注重战略性、全局性与实战性的结合，更加具备新型混合战争特点。各环节在时空上交叉互补、多维协作，有行动时间纵深长、社会跨度大、波及范围广的特点。

美国妄图引导全球舆论的步伐从未停歇。从历史维度看，美国现今的主要舆论宣传机构多是冷战时期相关部门的演化或变体。例如，“全球接触中心”与美国国际媒体署都是冷战时期建立的美国新闻署反宣传职能的延续。隶属于美国国务院的“全球接触中心”是近年来美国信息攻防的“桥头堡”，负责引导美国对外舆论走向。近年来，随着大国博弈升级，该中心逐步走到美国与中国、俄罗斯舆论对抗的前沿，成为美国信息攻防战中枢。在建立之初，“全球接触中心”是一个略显神秘的机构，其前身为成立于 2011 年的“反恐通信战略中心”。尽管“全球接触中心”的预算与人员配置都不及 2018 年特朗普政府更名成立的美国国际媒体署，但其肩负着近似的使命——识别和打击所有试图“破坏”美国及其盟国目标的国家和非国家虚假信息。2016 年 3 月，“全球接触中心”由时任总统奥巴马批准成立，起初致力于应对“伊斯兰国”等恐怖主义组织的宣传渗透。根据美国《2017 财年国防授权法》附属的《反外国宣传与虚假信息法》，该中心将打击俄罗斯、中国、伊朗的“虚假”信息和宣传纳入工作重点。成立初期其预算不足、人手短缺、官僚作风浓重，甚至有其“俄罗斯问题专家”不懂俄语的丑闻爆出，专业性广遭质疑。2018年，美国国务院与国防部合作设立“信息访问基金”，决定从国防部移资4000万美元帮助“全球接触中心”揭露、反击外国的“不良”舆论。自此该中心走上发展快车道，机构人数不断扩编、预算实现多级连跳。该中心的具体业务由“分析研究”与“技术融合”两大核心团队负责，成员含电脑专家、数据科学家、舆情分析师等。办公区内滚动播放全球舆情资讯，工作人员在装有电子监视设备的房间内通过带有防窥显示屏的电脑展开“推特战”等工作，不允许携带手机及其他电子设备进入涉密场所。工作内容包括以数据科学方法分析境外涉美舆情、运用先进算法建模和场景仿真推演等，深入分析舆情威胁、向情报部门和军方及宣传部门展示反向外宣最新科技，以及培养公民社会组织、非政府组织、记者和其他当地行动者“揭露和反击虚假信息的传播”的技术技能等。该中心领导人的共同特征很能代表其工作特点。2022年底被提名为“全球接触中心”“新掌门”的美国前助理国务卿詹姆斯·鲁宾与其前任莉·加布里埃尔一样，都曾在美国政府机构与知名媒体机构工作，深谙舆论与政治、外交的相互作用和关系。

除新机构外，美国众多传统舆论机器也随着时代的变化或新瓶装旧酒、换汤不换药，或老树发新芽、枯木又逢春。其中较为典型的是不少人在学生时代所熟知的听力材料“鼻祖”——“美国之音”。2018 年，“美国广播理事会”被改名为“美国国际媒体署”，其更名后开始的一项重要工作就是改革成立于 1942 年的“美国之音”。为体现该机构的反华特色，在“美国之音”工作的中国大陆中文记者、编辑被换成了中国台湾和香港的分裂分子、“人权、民运”分子，专门开设抹黑中国政府的专栏。事实上，“美国之音”在中美建交后一直处于正常化宣传时期，还曾和中国官方媒体相互交流，其部分语言和文化节目可以在中国大陆收听，因此也成为了早期英语爱好者的听力练习材料。但正因此前的历史延续，“美国之音”在新冠疫情期间因相对客观的报道中国抗疫举措而被前总统特朗普批评为“没有讲好美国的故事，反而替中国宣传”。时任美国国务卿蓬佩奥更是在“美国之音”总部发表演讲，直接提醒其是美国“纳税人资助的机构”，使命是“传播自由、民主、美国例外主义”“对抗共产主义中国”。

“融合”是美国现代舆论战最显著的特点之一。所谓融合，既包含领域、渠道的融通，也包括手段、技术的合成。作为新时期的主力军，“全球接触中心”“发扬”了这一特点。其主要工作内容可谓“包罗万象”，包括运用数据分析工具，为盟友、合作伙伴和国内利益相关者提供外国“虚假信息”的早期预警，分析美国竞争对手的各种企图，并与利益相关者共享信息，培养公民社会组织、非政府组织、记者和其他当地行动者的技术技能，使他们能够“揭露和反击虚假信息的传播”等。除各项先进技术与平台的融合外，其项目还包含政府、企业、盟友伙伴的深度联动，体现了时代特点。该中心与技术和社交媒体公司密切合作，紧跟舆情信息趋势。其与媒体和信息行业领导者合作开展“试验台”计划，对新的“反虚假信息”工具进行严格的测试和模拟。2020 年，“全球接触中心”还支持开发了一款培养玩家识别虚假信息技术、提高认知和抵御能力的网络游戏“和谐广场”。有趣的是，为配合宣传游戏效果，有美国学术机构专门研究称，玩过此款游戏后用户明显对自己发现虚假信息的能力变得更有信心。“全球接触中心”还高度重视将各类行动扩大化，擅长将舆论散播至社会各领域，鼓励各类社会组织、个人贡献反向外宣技术与经验。同时它还在对手国大力扶植媒体代理人，结合对手国受众特点，炮制基于本地化的另一套宣传声音，从而达到精准传播、精确传达，然后继续吸引、筛选有相同立场与诉求的人员加入，达到事半功倍的效果。

检验舆论武器的标准是看其能否在实战中发挥作用。正如心理战专家理查德·克罗斯曼的名言：“好的宣传就是要做的不像宣传。”美国形形色色的“谣言散播机”惯于利用他人之手借力打力，以达到自身的宣传目的。例如，“全球接触中心”在乌克兰危机中负责美国与国际组织协调搭建信息共享平台，并借机扰乱、歪曲俄罗斯向外界传递的信息。它将俄罗斯宣传的乌克兰新纳粹主义有关内容及来源与俄罗斯政府关系密切的“今日俄罗斯”电视台等媒体机构直接联系起来，称其故意传播虚假信息，是俄罗斯虚假信息生态系统的支柱。它还向乌克兰及其邻国传授了识别和质疑所谓有偏见的媒体对战争报道准确性的方法，提供了强大的数据与技术支持，并在有条件的情况下协助当地开展反向宣传活动。该中心在美俄针对新冠疫情信息战中也扮演了重要角色。俄罗斯的信息攻势如暴风骤雨，在明确的特定公共事件发生后集中投放海量“虚假信息”。对此，美国“全球接触中心”运用先进数字分析手段，调动盟友形成所谓“整体防卫”，有步骤地“矫正俄罗斯制造的信息偏差”。根据“全球接触中心”分析近 200 万条不同语言推文得出的结论，美国国务院官员指责俄罗斯利用社交网络数千个账号散布美国是新冠疫情“幕后黑手”，以此破坏美国的国际形象。该中心将相关报告在网上公开，并直接分发给各国外交官、记者和智库。事后，“全球接触中心”被指责所提出的证据和运用的分析方法缺乏透明度与深度，但其确已造成了足够的舆论影响。

中国已成为美国舆论武器的主要试炼场。与俄罗斯不同，美国声称中国作为美国“最重要的战略竞争对手”，正在以所谓“水滴石穿的渐进手法”影响中国所处的全球信息空间，从而“修正”世界秩序，获取长远利益。因此，其对中国的舆论战规划更加细腻、长远。“全球接触中心”前特使兼协调员金梅奇将该中心现在的工作与美国政府曝光、破坏苏联在欧洲开展的宣传和颠覆行动相比较，称“（如今）胜利将是渐进式的”，还表示“其中许多行动都将无声无息地展开”。在“全球接触中心”与美国白宫国家安全委员会、国务院其他机构、驻外使团等合作“揭穿中国的虚假叙事”的过程中，其很早便通过培训和支持所谓调查记者与非政府组织，借日常热点事件污蔑共建“一带一路”倡议存在问题等。尽管炒作的话题多为老生常谈，但其善于在关键节点实施多重手段进攻，扰乱视听。但多行不义必有疏漏，美国的舆论宣传机器也有众多先天性不足。这些弱点都为被美国谣言所累的受害国提供了反击的机会。

事实证明，美国对华舆论打压越来越具备长期性和系统性。在如今乱象丛生、党争不断的美国决策层中，打压中国议题是民主、共和两党难得的共识。不仅有行政部门推进现有对华舆论攻势，美国国会也在对抗中国的相关立法上大做文章，妄图使这种攻势更加“合法化”和系统化。如美国国会提出的“2021 年战略竞争法”，诬蔑中国“意图损害自由和开放的国际秩序”，通过国家主导的方式“输出意识形态，大搞宣传和散布虚假信息”。该法的具体内容包括建议美国成立“反击中国影响力基金”，从 2022 年到 2026 年每年拨款 3 亿美元，由国务院官员协调各部门行动；建议成立新机构开展与中国的信息战，加大对媒体等工具的支持，如每年向美国国际媒体署拨款 1 亿美元，用于“自由亚洲”电台等机构的宣传；鼓动美国国际开发署等机构向共建“一带一路”

国家的媒体提供支持，攻击中国的重点建设项目和监管措施等。

历史从来没有什么新鲜事，但总值得后人借鉴。从一战期间伍德罗·威尔逊设立公共信息委员会，到二战期间富兰克林·罗斯福成立战争新闻办公室和战略情报局，再到如今的“全球接触中心”，从广播、电视到互联网时代，美国通过操纵舆论反复验证着“谎言重复一千遍就成了真理”这一古老西方谚语。作为世界上最早成立政府主导的舆论宣传体系的国家之一，美国至今仍掌握着全球范围内最精密、最庞大的舆论制造机器。正如美国中央情报局前局长杜勒斯被引用过无数次的名言——“那些不相信精神的压力、宣传的压力能产生效果的人，就是太无知了。”在长期操弄国际舆论的实践中，美国利用塑造“二元对立”叙事、刻意窄化新闻来源、歪曲客观事实等“经典”手段，通过新闻媒体、非政府组织、社交媒体等渠道混淆是非、颠倒黑白、左右公众判断，随心所欲挑起别国民众对本国政府不满，制造思想与社会混乱，甚至最终颠覆政权，严重危害他国国家安全。如今，美国全方位捏造涉华舆论，已对中国国家安全构成了严峻外部挑战。如何运用好总体国家安全观战略思维，优化强化对美舆论博弈，成了我国新时代的安全课题之一。因此，我国当务之急是要注重对内统筹协调、不断增强合力，健全政府部门、社会媒体、社交网络等多领域构成的国家舆论安全体系，摸清美国叙事矛盾与自身弱点，做到有的放矢、精准反制。

俄乌冲突——舆论战、认知战的大型实战

2022 年 2 月 24 日，俄罗斯对乌克兰发动“特别军事行动”，冲突延宕至今，成为了冷战结束以来欧洲发生的持续时间最长、交战范围最广、造成损失最大的国家间冲突，不仅深刻影响了俄乌之间的关系，还改变了当前欧洲安全格局。俄乌冲突本质上是以美国为首的北约同俄罗斯之间的冲突与较量，是一场全方位、包含多种形态的混合战。冲突爆发后，除战场上的对抗外，俄罗斯与美西方之间的认知攻防战在国际舆论场上同样激烈，成为影响战场形势变化的重要因素。

在冲突过程中，俄罗斯与美西方国家积极在舆论领域展开争夺，互有攻守，呈现出一种新的战争形式。交战双方也积极利用网络空间，各自发布战场信息，以期能够影响战场局势。俄罗斯对舆论战颇有心得，并与军事、经济、外交等手段相配合，发挥更大效用。此外，美西方国家利用其掌握话语主导权的优势，在认知领域运用与操纵信息的能力均较为突出。西方许多观察家认为，俄乌冲突是第一场真正意义上的“网络时代”的认知战争，是现实空间局部战争与网络空间全球一体化认知战首次高度融合的战争。

俄罗斯近年来积极利用“混合战争”手段为其地缘政治目标服务，已基本从舆论战升级至认知战，并形成了较为完善和成熟的认知战手法。俄罗斯军事科学院专家巴尔托什等在文章中指

出，认知战的目的是建立能够直接作用于人的渠道，将每一个人变成己方的武器；制胜关键取决于是否充分掌握和利用文化心理条件，将设定思维植入对方意识，驱使其按照己方目标行动。苏联解体后，俄罗斯将此前国内舆论管控、宣传引导的诸多手段应用至认知战领域，为其战略利益与地缘政治目标服务。在俄乌冲突中，俄罗斯先发制人，在初期几乎主导了战场信息发布。随着战事持续，俄罗斯也积极使用各种认知战手段。从俄罗斯的行动看，主要有以下几个特点。

一是积极抢占认知战“阵地”。俄罗斯媒体作为政府宣传工具，十分善于配合国家各项决策，且能够迅速反应，营造声势，为俄罗斯军事、外交等服务。2022 年 2 月 24 日清晨，俄军从多个方向发动进攻，精准打击乌克兰军事目标。作为配合战争的辅助手段，俄罗斯媒体迅速发布战场信息，在战争初始的几个小时内，网络上关于战场的信息大部分出自俄罗斯媒体。在掌握信息主动权的情况下，俄罗斯媒体在发布战场消息时，以震慑对方心理为主。“俄军已在敖德萨登陆”“俄军已摧毁乌克兰海军空军”“俄军已摧毁乌克兰国民卫队司令部”等消息，通过网络迅速传播，使国际社会认为俄军将通过“闪电战”迅速获胜，乌军“不堪一击”，为俄军在战争初期取得较大优势发挥了较为重要的作用。随后的事态发展证明，俄罗斯初期发布的战场消息有虚有实，但却在乌克兰国内与国际社会造成了恐慌。战争进入相持阶段后，俄罗斯媒体依然积极宣扬俄军作战英勇、西方挑动俄乌矛盾等，并积极加强对非西方“友好国家”的宣传，以宣扬俄方立场。

二是积极设置议题，抢占话语权。俄乌冲突开始后，俄罗斯利用其媒体反应快、素材贴近战场、善用西方视角且煽动性强的特点，从正反两方面发布一系列消息以塑造俄罗斯发动“正义战争”的形象。俄罗斯媒体宣扬“普京对西方忍无可忍”“俄军受到乌克兰当地民众欢迎”“俄军善待被俘乌军”等消息。与此同时，俄罗斯媒体还积极宣传“乌军用民众做人盾”“乌军虐待俘虏”“乌军炸毁居民楼栽赃俄方”“乌新纳粹分子用猪油涂抹子弹”“泽连斯基已经离开基辅”等消息，揭露与破坏乌方形象，反衬俄罗斯正进行“正义”战争。2022 年下半年以来，俄军在哈尔科夫、赫尔松等地后撤，让出大片已占领区域。为平复国内不满情绪，俄罗斯加紧宣传，将俄乌冲突与俄罗斯民族、国家存亡联系在一起，宣扬俄罗斯“正在与西方作战”“俄罗斯的失败关系到民族的生死存亡”等。

三是保持权威信息发布。俄乌冲突前后，普京多次发布电视讲话，用较长篇幅阐述俄方立场。普京在讲话中从历史、文化、政治等角度，再次重申俄罗斯多年来的利益关切未得到有效回应，且北约一再利用乌克兰对俄方施压，俄罗斯不得不进行反击。在 2022 年 2 月 24 日的讲话中，普京指责乌克兰是“反人民的纳粹政权”，威胁在乌克兰的俄罗斯族人安全，强调其作战

“合理合法”，同时，宣称此次行动是为了捍卫俄罗斯的国家利益，强调俄乌有共同历史，呼吁乌军放下武器，不要抵抗。在讲话中，普京声称“不会占领乌克兰领土”，“乌克兰必须实行去军事化与去纳粹化”。此后，俄罗斯几乎所有权威信息均出自普京，其言论也成为了外界猜测俄罗斯战略意图的主要依据。“普京诘问对外情报局局长”“普京下令将核武器进入特殊战备状态”等信息，强化了其“军事强人”形象，展示俄方作战决心，压制俄罗斯国内反战情绪。

四是与乌方展开直接认知攻防。俄方发动进攻后，乌克兰与西方迅速转入战时模式，与俄罗斯在认知领域“短兵相接”。乌克兰与西方媒体积极发布“奋勇抵抗”“击退侵略者”的信息鼓舞士气，延缓俄罗斯进攻进程。冲突初期，俄罗斯军舰攻击位于乌克兰东南部敖德萨附近海域的蛇岛，随后控制该岛。乌方迅速发布蛇岛守军的录音片段，并称其“英勇牺牲”“全体阵亡”。乌克兰总统泽连斯基在电视讲话中赞扬其为“祖国捍卫者”。此消息对在各地作战的乌军有一定的激励和鼓舞作用，并且让国际社会更加了解战争的具体情况。为消除影响，俄方于 2022 年 2 月 26 日放出蛇岛守军投降后被俄军俘虏的视频，并称“已将被俘士兵送往克里米亚，待战争结束后送回乌克兰国内”。此举有效回击了乌方此前言论，澄清了事实真相，起到了影响公众认知的效果。

俄罗斯在俄乌冲突中的舆论战策略集中于通过多种渠道传播

特定的叙述和信息，以引导和塑造公众的意见。俄罗斯采用了多种宣传手段和渠道，包括传统媒体、社交媒体和影视作品，来推动其在俄乌冲突中的议程和叙述。重点工作目标包括唤醒俄罗斯民众对于苏联时期两国同属一国的历史记忆，在国内进行信息审查和控制，将冲突定义为“特别军事行动”。通过这些手段，俄罗斯试图在国内外塑造一种支持其军事行动的舆论环境，同时抵制和质疑西方国家和乌克兰的反俄罗斯叙述。

与之相对，俄乌冲突爆发后，乌克兰与美西方调动多种资源、运用多种手段与俄罗斯展开认知领域的争夺，利用舆论阵地，积极“声讨”俄方，营造普京“战争狂人”的形象。

一是积极适应认知战形态。自 2021 年年底起，美西方媒体多次渲染俄罗斯即将入侵乌克兰的消息，并多次公布俄军在俄乌边境调动与部署情况。与此同时，美方积极发布向乌克兰提供武器援助与在东欧增兵的信息，向俄方施压，释放美国将与俄罗斯全面对抗的信号。在此过程中，美国情报机构、政府部门、智库、媒体与各类非政府组织均积极发声，“研判”与“预测”俄罗斯进攻意图，并持续释放所谓新“证据”与情报，将此问题的关注度维持在较高水平，这也是俄罗斯在“极限施压”的威胁之下最终决定以武力回应西方指责的原因之一。2022 年 1 月起，美方先是预言俄罗斯“企图对乌克兰搞政权更迭”，“要在乌克兰东部制造事端、寻找开战借口”，后又呼吁美国公民和机构“迅速撤离乌克兰”。同时，美国媒体还爆料俄军在边境调动、具体“入侵日期”、企图扶植的乌克兰“傀儡政客”名单等细节。一时间，各种“俄罗斯惊天阴谋”满天飞，虚虚实实、真伪莫辨。在初期被俄罗斯媒体抢夺战场话语权后，乌克兰与西方迅速反击，明显加强了宣传力度，积极向国际社会介绍战事进展与乌军“奋勇抵抗”“击退侵略者”的情况，鼓舞士气，并谋求国际支持。此举一定程度上改善了乌军战争初期“不堪一击”“全线溃败”的不利形象。乌克兰国内多家此前仅有乌克兰语、俄语的新闻网站增加了英文版，以便向国际社会传递乌方立场与战场形势。英国广播公司、《纽约时报》、《经济学人》等知名媒体也开设了俄乌冲突专版，随时更新最新情况。乌克兰官方此前发布的社交媒体信息主要以文字讲话与图片为主，战事开始后，乌克兰高层更新社交媒体、发布视频的频率明显增加。乌克兰与西方在认知领域与俄罗斯针锋相对的做法，为其赢得国际支持发挥了重要作用，一定程度上促使西方改变了冲突初期“袖手旁观”的立场。

二是抢占舆论传播渠道，对俄罗斯媒体进行封杀。冲突开始后，乌克兰与西方除通报战事情况外，还频繁发布有关乌军击毁俄军军事装备与俄军伤亡人数的数据、图片与视频，向外界传递乌军尚存作战能力，俄军无法迅速推进战线的信号。2022 年下半年，乌军收复哈尔科夫与赫尔松部分地区后，西方媒体大肆宣扬乌克兰“即将展开大规模反攻”“2023 年乌军将收复克里米亚”等消息。同时，西方还积极利用其强大的情报分析能力反击俄罗斯的部分假新闻，为还原战场事实与增强乌军信心起到了作用。西方迅速对“今日俄罗斯”电视台、俄罗斯卫星通讯社等媒体进行制裁。油管、脸书、推特等网站已开始限制俄罗斯用户。美西方媒体还刻意放大俄罗斯民众的不满情绪，积极报道俄罗斯民众对于普京开战决定的失望与愤怒，以及俄罗斯科学院院士与知名学者联名反战等消息。

三是积极营造“战争人设”，改变民众认知。作为苏联解体后成长起来的新一代乌克兰人，又从事过媒体行业，乌克兰总统泽连斯基对于网络媒体的运用十分熟练。在进入政坛之前，他就经常通过社交媒体发布动态，与粉丝互动。在竞选期间，泽连斯基将社交网络作为主要宣传平台，通过发布短视频、民意调查以及直接评论政治事件的方式向选民传递价值观。出任总统后，泽连斯基依然在社交媒体积极更新动态，与民众直接交流，在脸书、电报、照片墙和推特上都有账户。自冲突开始起，社交媒体更成为泽连斯基向外传递信息、阐明立场、显示其抵抗信心的主要途径。冲突开始的最初几天，泽连斯基每日发布自拍视频，显示自己仍身处首都基辅，并未逃离。他还与时任国防部长列兹尼科夫等人共同录制视频，展示乌克兰高层团结一致、共同抗敌的决心。他坚持身穿军绿色上衣（营造军人“人设”），刻意不修剪胡须，向外界展示其“战时总统”的形象。泽连斯基一系列表现在一定程度上起到了凝聚民心的效果，其支持率也从战前的不到 40%跃升至 90% 以上。2022 年 5 月，泽连斯基还与乌军总司令扎卢日内、俄罗斯总统普京一同被《时代》杂志评为 2022 年全球最具影响力的 100 人。

当前，这场二战后欧洲最大规模的军事冲突仍未结束。除战场上的争夺外，各方在认知战领域的“搏杀”也将更加复杂，甚至会影响战局走势与未来谈判结果。近年来，中美进入深层次结构性博弈，美西方国家惯用舆论战，掌控国际舆论话语主导权，遏制我国崛起势头。此次俄乌冲突可看做我国未来与美西方国家在舆论领域开展较量的良好范本，值得深入思考。

认知战已成为影响战争的重要手段和国与国博弈的新战场。平时的各类宣传、战前的舆论动员、开战时的信息封锁、交战中的信息发布均可能左右战场局势，必须提前谋划、及时调整，保证战场话语权始终掌握在自己手中。

应注重认知手段与军事、外交、经济等手段的协同。认知战若不与其他手段共同使用，难以发挥其决定性作用。在制造利我损敌的认知时，需其他领域的印证、配合、澄清，将信息战的效用最大化，以达到震慑敌方、促其做出错误决策的目的。

有效管控国内舆论。在积极反击西方对我国抹黑的同时，也要做好国内舆论的引导与管控工作。应积极引导舆论朝着客观、公正、反对流血冲突的方向发展，坚决封禁一些盲目冒失、以偏概全的错误言论，营造良好的网络环境。

参 考 文 献

1 林敏华:《美国之音简史：美国之音与美国国家传播战略》，中国大百科全书出版社 2014 年版。

2 张文宗、胡畔:《中美舆论战与中国的国际传播》,《和平与发展》2022 年第 1 期。

3 [英]弗朗西丝·斯托纳·桑德斯著，曹大鹏译:《文化冷战与中央情报局》，国际文化出版公司 2002 年版。

4 《积极发展全过程人民民主——深入学习〈习近平谈治国理政〉第四卷》，求是网，2022 年 9 月 26 日，http://www.qstheory.cn/dukan/hqwg/2022-09/26/c_1129032631.htm。

5 Allison L. Sorkin, "The United States' War Against Russian Disinformation: Is the GEC Fit for Purpose?" Global Risk Insights,Oct.6,2022,https://globalriskinsights.com/2022/10/the-united-states-war-against-russian-disinformation-is-the-gec-fit-for-purpose/.

6 Annie Karni, Maggie Haberman, "For Mike Pence, Jan. 6 Began Like Many Days. It Ended Like No Other", The New York Times,Jun.16,2022,https://www.nytimes.com/2022/06/16/us/politics/pence-trump-jan-6.html.

7

第七章

舆论塑造的“以小博大”

在全球化的时代，国家形象的塑造和宣传对于一个国家的国际地位和影响力至关重要。舆论引导是实现这一目标的关键手段。日本和新加坡作为两个在国际舞台上具有显著影响力的国家，在舆论引导和国家形象塑造上的做法值得深入探讨。

日本作为一个历史悠久、文化丰富的国家，其国家形象的塑造主要围绕其传统文化和现代科技展开。例如，日本政府积极推广和宣传和服、茶道、武士道等传统文化，使之成为日本的国家象征。同时，日本也强调其在科技、动漫和时尚等领域的领先地位，展现其现代化的一面。在舆论引导上，日本通过各种国际文化交流活动、旅游推广和媒体宣传，成功地将这些形象传达给国际社会。

新加坡作为一个小国，其在国家形象塑造上的策略则与日本有所不同。新加坡主要强调其作为一个国际化、开放和多元文化的都市国家的形象。新加坡政府积极推广其作为一个国际金融中心、旅游胜地和文化交汇点的地位。在舆论引导上，新加坡通过各种国际会议、旅游宣传和文化交流活动，成功地将其国家形象传达给国际社会。

两国在舆论引导和国家形象塑造上的成功，有以下四点经验可供借鉴。一是明确定位。日本和新加坡都明确了自己的国家形象定位，一个是传统与现代的结合，一个是国际化和多元文化的都市国家。二是多元传播。两国都利用了各种手段，如文化交流活动、旅游宣传和媒体报道来传播其国家形象。三是真实展现。在塑造国家形象时，两国都注重真实展现自己的国家特色和优势，而不是制造一个虚假的形象。四是持续努力。国家形象的塑造和宣传是一个持续的过程，需要长期的努力和投入。

总的来说，舆论引导和国家形象塑造是一个国家在国际舞台上提升自己影响力的关键。日本和新加坡的实践为其他国家提供了宝贵的经验和启示。在全球化的时代，如何有效地进行舆论引导和国家形象塑造，是每个国家都需要面对和思考的问题。

日本以“全民传播”美化国家形象

二战爆发期间，日本曾极为注重占领区内的舆论宣传，打造日占区“亲民、爱民”的虚假形象，为本国军事扩张和长期占领谋求正当借口。随着二战失败，日本在美国的外力干预下完成民主改革，战前体系庞大的外宣体制被迫解体。二战后，朝鲜战争引发的特需订单为日本经济复苏乃至腾飞提供了绝佳机会，日本经济因之快速增长，甚至保持了十多年增速超过 10% 的发展奇迹。经济腾飞也让日本重拾“大国梦想”，试图重新成为政治、军事大国。由此，日本政府开始注重对本国形象的国际宣传，重点聚焦日式国家理念与政府开发援助项目，以提升国际地位并促进经济发展。

近年来，特别是安倍晋三第二次执政后，日本政府愈发重视“战略性外宣”在传播本土文化、提升国家形象、输出于己有利价值观及巩固话语权方面的重要作用。随着“战略性外宣”的全面推进，为进一步将本国政策主张、价值理念和文化魅力快速传播、根植海外，日本政府通过多措并举，全面提升外宣的辐射范围和实际效果，并不断提升对外精准投射能力。

随着国际格局的深度调整，中美博弈逐渐成为世纪变局的重中之重，日本政府也随之调整对外战略。其中中日关系变化明显。此前，尽管中日两国在个别领域存在摩擦，但整体可控，两国民间交往、青年交流稳步开展，经济领域“压舱石”作用较为明显。近年来，日本政府紧跟美国步调，将中国定位为主要竞争对手，染指中国事务的频次和烈度逐渐上升。日本片面判断其周边地区安全形势趋于严峻，外宣定位与口径也随之产生变化，开始注重价值观输出，主动发动舆论战，突出其软实力强的国家属性。

为稳步达成国家层级的外宣目标，日本自上而下建立了完善的宣传机制。首先，加强外宣顶层设计，制定宏观战略。2013年，日本政府发布首份《国家安全保障战略》，全面系统地制定了国家层级外交、安全、宣传战略。其中对外宣领域作出专门规划，提出“战略性外宣”概念，强调深化日本国民和国际社会对日本国家政策的理解，并加强与各国的合作关系。此举明确了“战略性外宣”在国家安全保障全局中不可或缺的地位与作用，更标志着日本“主导型外宣”、国家战略传播框架的基本确立。

安倍晋三第二次执政后，对政权控制力逐渐加强，指示突出首相官邸在外宣层面的“司令部”统筹职能，并理顺相关组织，逐步确立了“以首相官邸为统领、内阁多省厅整体参与、民间力量积极配合”的立体宏观外宣架构，确保国家战略、外交战略与外宣战略协同互促。

其中，安倍晋三立足民主党前政权为应对东日本大地震危机设立的“国际宣传联络会议”，升级成立“国际宣传强化联络会议”。该会议以加强“战略性外宣”为实施主线，是部级阁僚商讨外宣策略的专门会议，日本政府“二号人物”、内阁官房长官任主要负责人。下设处级官员会议，探讨围绕重大外交或政府主要政策，商定日非会议、“印太构想”、“安倍经济学”等宏观战略的具体外宣办法。“对外宣传战略策划小组”设于首相官邸内部，官房副长官担任负责人。该小组主要策划对重点国家、重点人物的外宣策略，例如决定对美外宣、针对东亚领导人的宣传策略等。“官邸国际宣传室”为具体落实部门，负责日常统筹官邸与整个政府的国际宣传，跟进落实各类上级会议出台的政策措施。此外，针对各类重要子议题，日本政府将另设工作机制。例如围绕领土争端问题，内阁府“领土主权对策企划协调室”负责相关外宣统筹。

以日本外务省为代表的各中央省厅各司其职，承担各自部门的对外发声任务，民间团体深度参与其中，形成了完善多元的战略外宣阵线。日本外务省官网运营完善、资料详实，可查询各类高访外事记录、媒体采访要旨、各国详细国情等关键信息。信息展示方式既包括严谨的文字论述，也包含简明易懂的动画视频，便于全年龄段使用者了解日本国家外交方针及施策重点。文部科学省积极向海外宣介日本优势文化，农林水产省积极宣传日本酒、日式美食等特色饮食，国土交通省以“充满魅力的赴日旅游”为抓手，积极发布对外信息。日本总务省、经济产业省为各省厅外宣提供坚实的内容支持与经济保障。地方自治体、智库媒体、非政府组织及民间团体也积极建言献策，发挥自身优势，通过学术调研、人才培养、青年交流等多重渠道，全面宣传日本先进理念。

此外，在“战略性外宣”指引下，日本政府进一步提出“要对处于外宣最前线的驻外机构进行体制强化”，“向国际社会传达日本的正面形象、政策及做法，促进其对日本基于国际社会的和平、稳定、繁荣和国际法来维持和强化国际秩序所做出贡献的理解”。为此，政府筹措大量款项用于驻外使馆监测涉日国际报道，实施对日舆论调查以及提升使馆工作人员演讲能力等。

日本政府以明暗结合方式对国内主流媒体采取“软监管”。日本政府通过多措并举，确保商业媒体与官宣口径保持一致。首先是记者俱乐部制度，这是日本特有的制度，即由采访首相官邸或政府部门的主流媒体记者组成的小圈子，如首相官邸记者俱乐部、防卫省记者俱乐部等。记者俱乐部制度规定，媒体记者参加政府主导的新闻发布会的前提是必须加入记者俱乐部，以此确保新闻媒体对掌握权力的日本政府、执政党等新闻源的依赖。尽管政府的记者会对所有媒体记者开放，但政府召开的非正式吹风会仅针对记者俱乐部成员。

永田町是日本政治中心，而永田町俱乐部是日本政治新闻的中枢，进入该俱乐部的成员皆是《朝日新闻》、《读卖新闻》、《每日新闻》、共同社、时事通讯社、日本广播协会等拥有十年以上采访经历的领军记者。该群体的求学经历、政治主张与自民党高度契合，因此主动与政府机构、官僚组织加强捆绑。日本政府也可凭此牢固垄断信息导向。

记者俱乐部不仅具有较强的封闭性与特权性，在报道方向上也力求整体一致。例如，针对具体议题，各路记者需事前召开会议商讨，定夺一致的报道方向。如发生与官方口径相左的情况，记者俱乐部将会采取减少采访甚至除名等惩罚措施。

如此，记者俱乐部既是政府吹风的工具，又是媒体自我审查的过滤器。记者俱乐部的管理者担心，如果成员过杂或与政府发生激烈冲突，将导致政府不再向其透露独家信息。因此，记者俱乐部成员必须具有“纯洁性”，会过滤掉不听话的“刺头”记者。同时，在整体上需加强同官方媒体的一致性，以源源不断获取独家信息。

其次是官邸与媒体高层直接联系，请其配合政府外宣。当事态紧急或重大时，日本官邸会直接向各媒体高层提出建议或施压，确保媒体报道与官方口径一致。日本政府曾多次利用行政手段干涉主流媒体的人事安排。例如，安倍晋三第二次执政后，曾以参议院表决形式任命了多家主流媒体的高层人士，其中新进入日本广播协会领导层级的多名人员与安倍晋三交往密切，自此较为公正的日本广播协会在报道中开始带有明显的保守党派色彩。此外，在日本媒体整体右倾化的大趋势下，执政党及政府高官更易加强同《读卖新闻》等传统右翼媒体关系，积极在其中撰文发声，为自身赢得更多政治人气。

记者俱乐部制度及操纵媒体高层人士安排只是日本政府控制舆论的第一步。日本政府更欲通过引导国内商业媒体，以间接影响国际舆论。日本虽标榜“新闻自由”，其国内媒体也自诩为“第四权力”，不受公权力限制，但实际上，由于日本政府实施的信息引导与控制、记者俱乐部制度引发的自我限制，以及日本国内民族主义情绪的日益高涨，主流商业媒体在涉外议题报道中，角度、意见区别有限，与政府立场基本一致。特别是涉及领土争议的报道中，此类现象尤为明显。例如，2016 年 6 月，中俄军舰进入钓鱼岛毗连区航行。日本主流媒体在转天全部大篇幅报道事件详情，仅《读卖新闻》两天内报道篇幅就达到 8 篇。近年日本多家主流媒体更是将俄乌冲突与东亚局势强行挂扣，长篇大论渲染台海紧张形势，污蔑我国正当主张及合法权益，偏移国际舆论导向。

日本政府鼓励多主体发声，以增加宣传可信度。日本政府对内鼓励甚至直接派遣专家学者、媒体人士、经济人士等多领域人才进行跨国交流；对外普遍争取对日理解，重点培养赴日留学、归化群体、日裔人群等潜在海外知日群体。如日本外务省曾专设项目，拉拢拉美日裔居民赴日交流研修，条件是项目结束后在所在国媒体发表对日有利的信息。

同时，日本政府鼓励智库与学者在调研的同时开展对外宣传。以日本外务省为例，日本外务省每年委托多家智库完成4—5个研究课题。在完成课题过程中，每家智库均会与多国政府、智库接触并开展调研。在完成单项课题的进程中，日本智库与外国政府、智库接触，召开会议、访谈的次数通常达到20—50次。这使得日本学者能够与各国政府官员、学者保持日常性合作关系。各智库在提交给政府的报告中普遍强调合作调研对促进外国对日政策的理解起到了良好作用。

积极发挥日本企业在外宣中的积极作用。日本政府认为，日企的百年文化、匠人精神、高端品质是日本魅力的重要来源之一。例如丰田汽车精益求精的生产模式、日产电饭煲的全球人气、日企细致入微的服务模式均颇受全球用户青睐。对此，日本政府将日企定位为外宣"外脑"，营造"日本出产=精品高质量"的国际形象。在开展跨国商业合作时，日本政府积极发挥日企经验及技术优势，确保合作项目规划合理、持续发展。在部分外交场合中，日本政府还积极宣传日企在对象国当地的社会担当与无偿贡献，以经济成果撬动政治资源，培育目标国领导层级的对日好感。

此外，日本政府还积极关注国际舆情动向，定期反思，主动回应。日本政府、媒体、学术机构等多方主体坚持进行各类“海外日本形象”的舆论调查。其中较为知名的机构包括外务省的“海外对日舆论调查”、民间机构“言论 NPO”的“中日亲近感调查”等。在扎实积累各类资料的基础上组织研究，改善外宣效果。在领土与软实力输出领域，日本定期召开官员或专家参与的恳谈会，出台建议对策。相关建议多被采纳为政府的大政方针。

日本改造国际舆论环境的三个经典案例

典型案例一:“酷日本”战略

2002 年，美国政治分析专家、记者麦格雷在《外交政策》杂志中撰文并首次提出了“酷日本”（Cool Japan）概念，他高度评价了以“口袋妖怪”“凯蒂猫”为代表的日本“酷”文化，认为“日本日益增长的文化存在感已经创造出国家酷值的巨大引擎”。此文本经翻译传到日本后，引起了强烈反响。“酷日本”概念的核心含义是，与泡沫经济崩溃后日益衰落的政治、经济影响力相比，日本在文化，尤其是流行文化方面势头强劲。流行文化囊括日式生活方式、日本人独有的价值观追求，以及日本产品精益求精等多重内涵。日本政府敏锐发现了此概念，借“酷日本”概念为引领旗号，积极推广日本流行文化，以振兴经济发展。

2009年起，“酷日本”多次被日本写入振兴经济相关战略文件。

“酷日本”配套机制历经多轮升级逐步趋向完善。2003年，日本政府成立“知识产权战略本部”，由首相担任本部长，协调各省厅相关“酷日本”政策落地实施。该项机制为“酷日本”战略成型打下坚实基础。2012年，“‘酷日本’官民有识者会议”发布《“酷日本”战略中间报告》，明确提出“酷日本”战略的目的是为促使海外消费者知晓日本文化产品，引领海外形成日本文化热潮，进而培养海外的亲日群体，吸引其来日消费，谋求商业利益。

战略方向确立以后，2013年3月，安倍晋三政府在内阁成立“酷日本推进会议”，正式将“酷日本”作为日本增强文化软实力、提振经济实力的重要战略举措；设立“酷日本”战略负责大臣职位，确立了数值化目标，即截至2030年，访日观光客人数自2012年的800万人增至3000万人；食品等出口额自2012年的约4500亿日元体提升至10000亿日元。由此，文化产品、食品、旅游观光成为日本软实力输出的三个重要渠道。根据调研，文化产品、食品、旅游观光恰好覆盖欧洲、亚洲、北美地区民众对日本最感兴趣的领域。

首先，重点支持关键领域。2015年，日本政府出台《酷日本战略》，成立政府投资基金，由政府出资80%、企业出资20%，用于投资重点软实力传播渠道。政府明确了实现各目标的主责部门，并由总务省负责监督各目标达成情况，对效果不彰的具体政策提出整改意见。在出口文化产品方面，日本政府每年投入约 120 亿日元，用于翻译、无偿提供文化产品，支持文化产品跨国制造等。日本文化产品出口项目中约有 20% 得到过政府资助。在增加访日游客方面，政府支持各地制作观光宣传片，指导国际观光振兴机构等组织举办旅行博览会。在促进食品等出口方面，日本则采取了政府补贴厂商赴海外参展、洽谈等措施。

其次，集合各中央省厅部门优势，形成宣传合力。外务省立足驻外公馆、国际交流机制等“外脑”优势，积极开展民间外交，深化驻在国民众的对日理解，力求培养亲日团体。外交人员积极扮演“酷日本”一线代言人，以动漫、美食、文化交流为抓手，消除刻板的脸谱化外交形象，以生动活泼的方式宣传“酷日本”文化。外务省管辖的各类国际交流机制利用展览、音乐会、舞台剧、本土电影等海外演出机会，积极培育有利于“酷日本”文化生根发芽的文化大环境。同时，日本观光厅、文化厅等相关部门也各显其能，积极参与“酷日本”战略的海外推行。观光厅将“酷日本”文化融入到优势旅游资源中，在外国游客访日过程中潜移默化地塑造对日友好印象。文化厅积极向外派遣“文化交流使”，全方位宣传日式三弦、能乐、俳句、盆栽、花道等传统优势文化。

最后，进一步改善执行路径，谋求深度传播。2019 年，日本出台修订版《酷日本战略》，强调要根据环境变化，不断改进“酷日本”相关政策措施。为此，在确保传播广度的同时，战略重点转向传播领域的深化与精细化，以强调日本的独特性。政府对于日本文化有关的20—30个领域进行调研，明确各领域最佳受众、受关注原因与内容，寻找国内外一致认为能够代表日本的核心领域。在调研基础上，日本针对已初步了解日本的外国民众进行深度传播，培养牢固的“日本迷”群体。

总体而言，以“酷日本”为旗号的软实力输出战略圆满完成了既定目标，既促进了日本文化的对外传播、增强了软实力，也促进了经济增长。

典型事例二:“日本屋”项目

互联网的高速发展导致信息呈几何倍数增长，如何在纷繁复杂的信息海洋中确保日本传递信息的长期存续而不被海量信息所淹没，建立一种常态化的外宣据点成为日本外宣层面的施策重点。由此，肩负落实海外宣传任务、确保信息长期存续的“日本屋”应运而生。

“日本屋”项目与《酷日本战略》具有高度趋同性，皆是为了塑造国家形象、树立国家品牌，进而在全球范围内塑造亲日舆论环境。《酷日本战略》可谓是日本文化输出战略的凝练升级，“日本屋”项目则是落实《酷日本战略》的具体抓手，详细规划了日本优势文化投射海外的精细化路径。

“日本屋”项目主要由外务省牵头策划和实施，为确保项目实施的整体性与协调性，日本政府进一步确立了多部门与民间团体协同参与的架构机制。在指导层面上，2012 年 10 月，外务省成立公共外交战略本部，统筹指导舆情应对、国内外宣传和文化交流等工作。下设“战略对外宣传据点室”，牵头负责“日本屋”项目的运营。在落实层面上，“日本屋”一律配有事务局，主持日常管理和运维工作；设有“日本屋运营委员会”，监督审议运营状况；聘请各领域专家组成“有识者咨询会”，为其提供专业知识加持；此外，“日本屋”项目还特设“综合设计师”一职，负责规划和把控整体设计工作。

“日本屋”项目主要肩负着三大任务。一是策划每年不少于 3 次的巡回展演。二是制定囊括企业、当地亲日团体等广泛参与的涉日产品推广会、演讲会、研讨会等规划报告，提交项目运营委员会审议后报送外务省。三是与外务省派遣的专家合作，组织开展涉及日本国际贡献和国际情势的学术研讨会，以常态化宣传政府各项方针政策。

目前“日本屋”项目已在圣保罗、洛杉矶和伦敦三大国际城市落地生根，设立了实体文化体验馆和文化交流机构。经过深耕细作，三地开始呈现好评广泛、传播多样、内容精致等特色，掀起了盛况空前的日本文化消费热潮。“日本屋”项目的选址重点考虑区位优势、对日关系、宣传效果等多重因素。其中，圣保罗既是巴西的中心城市，又是世界最大的日裔聚居地，在传统上与日本关系紧密，拥有较为厚重的亲日民众基础。洛杉矶是美国最大的日裔聚居城市，且在美日同盟的大背景下，能够为项目顺利实施提供多重保障。而伦敦作为欧洲的枢纽城市，对欧洲大陆整体及西方世界有强大影响力，在此推介日本文化能够有效辐射到整个欧洲区域。

“日本屋”的实际运营具有以下三大突出特征。一是在宣传中融入现代、流行及多元文化符号，着力用生动丰富的文化产品替代刻板宣传。“日本屋”注重张扬传统文化精粹，运用竹子、和纸、门松、风铃、能面、浮世绘等日本传统装饰素材，融入日本禅宗美学的理念以提升宣传魅力。同时，“日本屋”也能合适兼顾传统与现代、大和民族性与世界民族的融合，满足丰富文化受众需求，赋予宣传产品多重内涵，推动本土与国际艺术的融合升级，不断加快本国的软实力输出与提升国际话语权。例如，圣保罗“日本屋”突出南美热情奔放色彩与日本传统文化的融通互促，洛杉矶“日本屋”重视美国流行文化，而伦敦“日本屋”注重回归自然本真的简约欧洲风格。

二是为日本地方与国际社会搭建宣传合作机制，促进地方经济增长。在实际操作中，“日本屋”运营事务局与日本地方自治体积极推进商业合作，根据地方特色量身定制商业促销计划，吸引食品、医疗、科技、网络等跨国龙头企业与日本企业开展深度品牌合作项目。例如，圣保罗“日本屋”曾邀请福岛县知事出席其举办的日本复兴研讨会，为福岛经济振兴宣传，还曾举办“日本料理的魅力与健康”论坛，推动“食其家”“日清”等日本著名餐饮公司与外商签订商业合作协定。

三是运用新媒体加持助力外宣效果。较之于官方媒体，社交网络服务（SNS）等新兴媒体渠道拥有受众广泛、影响力巨大等优势。近年来，日本政府在“日本屋”的实际运营中愈发重视利用 SNS 等新媒体加持，新媒体以图像、音频、视频、信息互动等多重形式向世界传达日本政策理念及传统文化魅力，集中报道相关活动，进而为日本树立良好的国际形象。为扩大影响力，“日本屋”项目还设有门户网站，其网站设计既充满厚重的日式风格，又不失现代的简约之美。在内容发布上，网站着力宣传日本地域观光、日式美食、日式服饰等特色文化，注重个性化、人性化表达方式，在广度和精度上实现信息的有效投放。

根据“日本屋”官方数据显示，尽管受到新冠疫情肆虐的不利影响，但是三地“日本屋”的访客人数持续上升，截至 2022 年初，圣保罗“日本屋”的访客超过 236 万人次，伦敦“日本屋”的访客超过 110 万人次，尽管洛杉矶“日本屋”展馆开馆较晚，但也突破了 46 万人次。可以看出，三地的“日本屋”已经产生了以点带面的文化辐射效应，成为具有一定影响力的海外宣传据点。未来日本政府还将立足数字变革、在线直播等科技加持，推进项目提质升级。

典型事例三："政府开发援助"

日本政府为扭转战败国身份带来的不利影响，重塑和平经济大国形象，在经济实现腾飞后，较为注重向发展中国家提供经济发展援助，以提升国际形象。此种援助方式被称为"政府开发援助"，其在日本全球外交布局与战略性外宣方面承担了重要作用。

日本政府1954年10月加入"科伦坡计划"，即通过积极的经济合作、开发援助，以重返国际社会，可视作日本政府开发援助事业的开端。此后，日本逐渐将政府开发援助视作实现外交战略、维护国家安全、提升国际地位的重要手段。近年来，日本政府通过革故鼎新、完善体制机制等措施，不断增强政府开发援助的战略外宣作用。

目前，日本政府采取"中央统管、外务主责、多方参与"的方式经营政府开发援助项目。2013年3月起，日本政府成立了由内阁官房长官任议长，财务大臣、总务大臣、外务大臣等6位大臣任成员的"经济基础设施战略会议"，负责整体制定战略规划。其中，外务省为主责部门，省内设立"国际合作政策制定本部"，统辖"国际合作局""综合外交政策局""区域局"三个局级部门，制定具体的开发合作政策。日本国际协力机构负责政策具体实施，承担日元贷款、无偿资金合作、技术合作三大政府开发援助主要业务。此外，为加强同当地政府间政策协调，根据实际需求，日本政府指示驻外使领馆与日本国际协力机构当地事务所成立“政府开发援助任务小组”，精准把握当地需求，共同商定具体援助计划或项目，确保援助内容入乡随俗，为当地发展提质增效。

在成果展示层面，各层级主责部门均建立了体系完整的宣传机制。例如，日本外务省网站设有政府开发援助展示主页，详细向全球用户展示政府开发援助历史沿革、政策方针、对外成果、项目评估等关联信息，还一并展示企业、非政府组织、地方自治体参与政府开发援助项目的历史信息；按照年份发布《政府开发援助白皮书》，便于用户按照地区国别、项目内容开展精确搜索，了解日本政府对外援助的海外据点、重点课题及当地评价等关键信息。日本国际协力机构官网开通“政府开发援助可视化站点”，注重临场感展示，运用大量图片、视频抓住受众眼球，避免以文字形式刻板展现，全方位介绍日本主导政府开发援助项目的实际进展及后续跟进情况。此外，外务省与日本国际协力机构的官网信息均支持多语种显示，并且设有外部链接，可一键跳转至政府开发援助在脸书、推特、油管等门户社交媒体的官方账号，以加深全球用户的兴趣和了解。

日本驻外使领馆也积极配合政府开发援助外宣。目前，日本政府已经在各个驻外使领馆的主页上设立“开发协力”栏目，及时公布日本对对象国提供的经济援助数据及项目进展情况。日本驻外使领馆不仅积极邀请驻在国当地的媒体机构参观援建现场，详细报道两国合作开发的项目进展，以创造新闻热点；还与当地政府官员、民间人士、非政府组织积极对接，传播日式援助理念，培育亲日团体。

运用动漫短片等直观化表达方式，提升宣传实效。基于日本动漫适合多年龄段人群观看、在全球市场内广泛享有好评等传统优势，日本政府在宣介政府开发援助成果时，也以动漫短片等直观方式，增加亲近感并提升宣传效果。例如。2018 年 9 月，日本外务省别出心裁启用动漫《秘密结社鹰之爪》的主人公吉田君担任政府开发援助形象大使，让其头戴标有政府开发援助相关标识的帽子，向全球受众立体直观宣传日本实施开发援助的计划举措及意义收益。

整体上，日本政府建立了体系完善、自上至下、分工明确的外宣体制机制。在“战略性外宣”政策主线的牵引下，日本政府逐步形成了“以首相官邸为统领、内阁多省厅整体参与、民间力量积极配合”的立体宏观外宣架构，确保国家战略、外交战略与外宣战略协同互促。对国内商业媒体及主流媒体记者采取“软监管”措施，确保整体可控、与官方媒体口径一致。在对外具体内容投放层面，日本政府在兼具灵活性与进取性的基础上，主动设置于日本有利的议题议程，立足外务省驻外使领馆与当地的紧密联系及“日本屋”“政府开发援助”项目等落实日本外宣战略的具体抓手，不断拓展软实力输出渠道，逐渐塑造并提升日本全球影响力，进而全面改善日本国际形象。

新加坡“小国大叙事”，打造四个“黄金标签”

在传统意义上，大国是国际关系中毋庸置疑的主角。大国之间的互动和实力消长决定着世界格局的走向，一国知名度和影响力往往与其国家规模成正比。但在国际事务从“实力为王”转向“舆论当道”的背景下，新加坡从一个资源匮乏、政治安全环境恶劣的“弹丸小国”，经过几十年的发展，不但实现了经济实力、安全保障的全面跃升，还获得了远超本国体量的国际知名度和影响力，常常在国际事务中发挥独特作用，成为“小国办大事”的典范之一。这其中的奥秘就在于新加坡长期系统的舆论塑造。

提起新加坡，你会想到什么？年长一点的人可能会想到“亚洲四小龙”，年轻一点的人可能觉得世界一级方程式赛车锦标赛（F1）新加坡站的夜间赛和城市赛更有名；去过新加坡的人可能会想到便捷的国际交通、多元融合的国际化大都市，即使没去过的人也会对新加坡的鱼尾狮和蝴蝶兰有所耳闻；关注经济的人可能会想到新加坡是地区金融中心，关心时政的人可能会想起香格里拉对话会。总之，对于这个只有 733.2 平方公里面积和 564 万人口的东南亚小国而言，能让几乎每个人都对它有印象，已经是一个了不起的成就了。让我们来看看，新加坡留给外界的印象是什么样的。

刚独立时的新加坡真可谓一穷二白，既没有资源也没有市场，既缺乏资金也缺乏技术。从一个连生存下去都非常困难的“被迫独立”国家发展成为东南亚发展指数最高的国家，新加坡的经济发展成就确实有目共睹。时任中国总理李克强在 2018 年到访新加坡时曾指出，“新加坡建国五十多年来取得了令世人惊羡的发展成就，成为世界重要的经济金融中心、航运中心、炼化和电子产品制造中心、生物科技研发中心，经济发展水平、创新能力、竞争力居世界前列”。外界对于新加坡经济发展成就的认知和肯定，主要来源于四个标签。

标签一是“港口”和东西方交汇点。新加坡位于马六甲海峡出入口，扼太平洋和印度洋的航运要道，是连接亚洲、欧洲和非洲的海上交通枢纽，素有“东方直布罗陀海峡”“远东十字路口”等美誉，战略位置十分重要。也正因如此，当 19 世纪初大英帝国为了遏制荷兰不断扩张的势力，急需寻找一个东南亚港口作为商船队的据点时，就选择在这个极具发展潜力的小岛上建设海上贸易站点。

2019 年，新加坡政府专门设立“200 周年纪念办公室”，举办了一系列的活动项目、展览和庆典等，来纪念英国斯坦福·莱佛士爵士 1819 年首次登陆位于马来半岛南端的这个小岛。正是受益于这个来自英国的殖民者，新加坡建设了港口，并据此迅速发展成贸易中心，吸引了来自中国、印度、马来群岛甚至更远地方的移民来到这里。而又是这位莱佛士爵士为这里设计了首份城市发展规划，才使得新加坡依托港口逐渐发展成一个城市，进而为后来的独立建国奠定了基础。可以说，新加坡港是这个国家在刚刚独立之时唯一拥有的资源条件，也正因为新加坡港的成功发展，这个国家才获得最初的国际知名度。

随着战后西方将亚洲纳入其制造业版图，新加坡港的货物吞吐量长期位居世界首位，直到 2010 年被上海港超越。虽然“世界第二大港口”在别国眼中可能已经是个闪亮的标签了，但新加坡人不会止步于此——他们正在计划将新加坡港建设成为数字化、自动化、智能化、可持续的“下一代港口”。

标签二是“亚洲四小龙”。人们从什么时候开始认识到新加坡不仅仅是个渔港而是个富国呢？恐怕要从“亚洲四小龙”被提出开始。现在的新加坡更是超越了“亚洲四小龙”时期的发展水平，2022 年国内生产总值达到 6435.46 亿新元（约合 3.29 万亿人民币），人均国内生产总值为 11.4 万新元（约合 58.25 万人民币）。

“亚洲四小龙”是美国哈佛大学亚洲问题专家傅高义教授

在其1993年出版的《亚洲四小龙腾飞之谜》一书中提出的一个概念，指的是包括新加坡在内的四个小型经济体的“发展奇迹”——这四个经济体总人口只占世界4%，但却能逐渐发展成为世界现代制造业不可或缺的“第三极”。傅教授认为来自美国的援助、旧秩序被打破、当局的政治意志和充足的劳动力供应是新加坡取得成功的客观条件，但也不能缺少重要的文化因素，即“根植于儒家传统但适应现代社会需要的制度和文化实践的复合体”，包括精英官僚、高考制度、群体意志以及自我完善的追求等，称之为“工业新儒学”。这奠定了新加坡此后讲述本国经济发展故事的基础。

事实上，在20世纪八九十年代，西方经济学者还对新加坡的国家资本主义、国有企业等多有质疑和指责。现在令新加坡引以为傲的知识经济发展，也曾在90年代末面临瓶颈。世纪交接之时，还曾有经济学者担心新加坡陷入“中等收入陷阱”。但随着积极推进自由贸易和对外合作，新加坡不但成为首个与美国签订自由贸易协定的东南亚国家，成为东南亚对外签订自由贸易协定最多的国家，而且作为“跨太平洋伙伴关系协定”（TPP）、《区域全面经济伙伴关系协定》（RCEP）、《数字经济伙伴关系协定》（DEPA）等区域重要经济合作协议的创始国，在国际贸易领域和国际资本市场日益如鱼得水。最终，被攻克的困难都已成为新加坡经济成功发展的垫脚石。1997年亚洲金融危机与2008年全球金融危机发生时，虽然新加坡经济均遭受重创，但国际社会对新加坡在两次危机中的反应完全不同：在亚洲金融危机发生时，还多有国际机构和经济学者对新加坡的经济韧性和发展能力有所质疑、有所担忧，但到全球金融危机发生时，国际社会对新加坡的经济复苏普遍给予了较高期待。近二十年来，在国际管理发展学院发布的“世界竞争力排名”、世界银行发布的“营商指数”等权威报告中，新加坡的排名均位居世界前列。经济发展成就吸引越来越多的发展中国家关注新加坡国家治理经验。

标签三是花园城市。独立初期，李光耀即为新加坡制定了“发展成一个清洁又葱绿的城市”的规划，现在称之为“花园城市”目标。他不但出于环保的考虑，而且更希望以此打造“平等社会”。他在回忆录中曾写道，“除了财政和国防，建立平等社会一直是我治国时优先考量的事项之一……你住的房屋并不平等，但你还是可以和每个人一样享有干净的公共空间”。

愿望虽然美好，实现起来却非常困难。首先遇到的难题就是：把这些树种在哪里？虽然新加坡自治政府自 1959 年组建起就致力于解决“房荒”问题，但受制于财政等条件，独立初期的新加坡仍面临较为严峻的住房紧张问题——很多家庭只能轮替使用床铺——白天出去做工的人晚上回来睡觉，上夜班的人白天在家睡觉。据新加坡建屋发展局（HDB）1966 年的统计，约有 30 万人居住在没有卫生间和供水设施的临时简陋房屋中，另有 25

万市区居民住在摇摇欲坠的商铺里。生活的重压、拥挤肮脏的居住环境和肆虐的热带传染病让当时的新加坡百姓根本无暇顾及环境问题。所以，当李光耀提出要建设“花园城市”的时候，普通的新加坡百姓会想“我都没地方住还要给树腾地方”，因而对此多不理解，甚至觉得这是一项“不可能完成的任务”。

因此，建设“花园城市”的第一步是要先解决百姓的住房问题。新加坡政府为此推出“居者有其屋”计划（“组屋”计划）。第一步是于 1966 年颁布《土地征用法》（Land Acquisition Act），令政府可以低于市场价格购得土地，从而顺利推进发展规划。同时，设立公积金制度，相当于以众筹方式解决了最初的建房资金问题，并制定按收入水平确定首付比例的房屋购置政策，解决了低收入群体购房难题。这一政策不但为百姓解决了住房问题，而且还增强了新加坡的国际吸引力，政府后来补充了按公民、永久居民等不同身份家庭确定购房资格的相关规定。可以说，公共组屋已经成为新加坡社会治理成功的一个典型案例。再加上新加坡原住民极少，移民来自五湖四海，讲不同语言，政府推进国家规划的社会成本和阻力不大。至此，“种树的位置”找到了。

有了地方种树，用什么来浇灌它们呢？新加坡虽然四面环海，也属于热带雨林气候，却是个极度缺水的国家。全国年降水量虽可达 2400 毫米，但国内仅有新加坡河和加冷河两条细流，没有天然的蓄水层，狭小的国土面积也限制了集水区和水库面积。新加坡年均淡水资源总量仅 6 亿立方米，人均水资源占有量仅为 211 立方米，位列世界倒数第二。有限的淡水资源首先要保障人的日常生活和生产。因此，要实现绿化目标，首先要解决淡水短缺问题。所以，李光耀 1971 年在总理公署设立“水务规划组”（Water Planning Unit），从扩大并建立集水区、清理河道、关闭养猪场等举措开始改善水资源环境，不断提升水务管理水平，管理成效获得国际认可。全球水务行业最权威的第三方研究机构“国际水务智库”（GWI）2021 年给予新加坡负责水务管理的公用事业局国际水务大奖“年度最具韧性水务机构奖”。

新加坡“花园城市”的发展理念比联合国 2015 年提出可持续发展目标提前了 50 年。在这 50 年间，新加坡除了注重以园林绿化来改善城市环境，还在此基础上将工业发展、海洋经济、对外联系和环境保护等统筹考虑。2009 年，新加坡推出了《永续新加坡发展蓝图》，力求将自身发展对资源和环境的影响最小化。

标签四是法治国家。第一次去新加坡的国人往往会得到类似这样的建议：不要吃口香糖、不要在地铁里吃喝等。这是出于对新加坡严刑峻法的“畏惧”。就连新加坡的纪念品店都常会售卖印有“新加坡：一座美丽的罚款城市”图案的 T 恤。

事实上，李光耀原本并不主张严刑峻法，留英的经历使他受英国民主政治影响较深。他在刚回到新加坡时是一个理想的民主社会主义者。虽然英国对新加坡一百多年的殖民统治结束得仓促又狼狈，但李光耀在构建这个新国家的法治基础时并没有彻底废除旧法统，而是继承了英国“留下来的法治精神和法律制度”。但建国初期的新加坡，社会秩序岌岌可危，要实现李光耀最初的民主社会主义理想，还需要做很多基础工作。因此，李光耀为新加坡设计了一套法网严密、执法严格的法律制度，在保留英国殖民者留下的普通法基础和三权分立制度的基础上，建立了“软威权”制度。据不完全统计，新加坡建国至今共制定法律 400 多种，宪法、国会法令与附属法规、司法判例、法律惯例等形成一个完整的法律体系。

新加坡法治成效凸显在两方面。一方面，制定严刑峻法的同时加强教育引导的一个容易想见的结果就是，新加坡常年保持极低的犯罪率——自 2006 年以来，新加坡每百万人口涉及犯罪的基本维持在 4 人以下。另一方面，新加坡清廉国际闻名。根据国际知名反贪污组织“透明国际”自 1995 年起发布的年度清廉指数（Corruption Perceptions Index），在全球 180 个国家中，新加坡始终位居前十。2023 年 1 月 31 日发布的 2022 年清廉指数，新加坡与瑞典并列全球第五，是唯一跻身前十的亚洲国家。这得益于其完整而独立的反腐监督系统和职能部门、不断完善的法律系统，以及社会舆论的广泛严厉监督。

基于经济发展成就和国家治理成功，新加坡在 1992 年创立“新加坡合作计划”（Singapore Cooperation Program，SCP），通过对外培训和联合培训等方式，向其他国家和国际社会分享发展经验。根据新加坡官方数据，目前该计划已经与超过 50 个本地及国际合作伙伴建立了联系，包括国际货币基金组织、世界银行、世界贸易组织等；并与来自 180 个国家、地区及政府间组织的近 15 万名政府官员分享了新加坡的发展经验。新加坡借此获得了广泛的国际认可。

此外，本地多元文化奠定了新加坡作为“东西方桥梁”的基础。新加坡虽然不大、人口也一直不多，但长期以来受到各大主要文明、文化的影响——历史上，新加坡曾属马来西亚柔佛州管辖，留下马来西亚伊斯兰文化烙印；英国殖民者的统治又在一定程度上推动新加坡走向西式现代化道路，为新加坡的经济成就奠定基础；自新加坡独立以来，华人、华裔占比基本保持在 3/4，为新加坡绘就浓重的中华传统文化底色。在这样的背景下，新加坡不但没有被不同文明、文化拉扯而撕裂，反而成为各大文明、文化的桥梁和纽带。

历史上，新加坡作为洲际航运枢纽，在 13 世纪和 14 世纪就曾是“东西方货物交汇之地”，19 世纪，英国殖民者将这里建设成为东西方交通的中途港，新加坡港发展成熟后，这里成了东西方联络站。新加坡在东西方之间发挥的沟通渠道作用与日俱增。随着到新加坡定居的移民越来越多、来源越来越杂，世界主要文化都在新加坡出现，并逐渐交融在一起共同发展。

新加坡独立建国的20世纪60年代恰逢冷战高峰阶段，亚太地区也是个多事之地。刚刚独立的新加坡就像是龙卷风中一片小叶子，内外挑战都很严峻，不同挑战之间还有较强的联动性。独立以来，新加坡奉行实用主义的治理逻辑，经济发展如此，社会治理如此，对外政策亦如此。得益于此，不同类型、风格甚至是价值取向的文化才可以在新加坡和平共存。这一特点在冷战期间尤为突出，奠定了新加坡在国际舞台上发挥独特作用的基础。为了维持相对稳定的地区环境、争取更大的发展空间和回旋余地，新加坡第一代领导人选择了与中国、美国、苏联、日本等主要国家分别交好的对外政策，寻求形成各大国在亚太地区保持均势的地区格局，注重避免受大国之间意识形态分歧影响，与各方积极开展务实合作。

时至今日，新加坡与中国、美国等主要国家及日本、澳大利亚、印度等地区大国均保持良好密切的关系。2015年，习近平主席在与到访的时任新加坡总统陈庆炎会谈时表示，“中国同新加坡是亲密而特殊的伙伴”。新加坡是亚太地区首个与美国签订自由贸易协定的国家，美国国务院网站上称新加坡为“密切的合作伙伴”。日本虽因侵略行径与包括新加坡在内的东南亚国家交恶，但在战后成功推行经济外交后改善；2002年，新加坡与日本签订经济伙伴关系协定，系日本第一个对外经济伙伴关系协定。澳大利亚称澳新关系是该国“在东南亚最密切和最全面的双边关系之一”。印度则称与新加坡保持着“跨越千年的紧密联系”。

充分利用地缘优势，新加坡与东西方各国找到共鸣

为什么新加坡这个小国能够出大名、办大事？有人说是因为它的地理位置优越——坐拥马六甲海峡，战略位置非常重要。确实，对于以港口和海运起家的新加坡而言，优越的地理位置为其提供了经济发展的优良基础条件。但这并非充分条件，否则为何与新加坡共享马六甲海峡的其他东南亚国家没能取得与之相同的发展成就和国际地位呢？也有人说是因为新加坡抓住了冷战期间的发展机遇，实现了远超地区平均水平的经济发展高度，从而获得了在国际社会中的活跃度和发言权。人们对新加坡经济发展程度高的印象更多来自其较高的人均国内生产总值和较为先进的科技水平。但实际上，新加坡经济总量并不大，在世界各国和地区排名中位列 38。在“实力为王”的国际社会中，这么小的经济体量意味着新加坡只能随波逐流，被动应对国际环境带来的影响。这也是李光耀对新加坡独立表示无奈的原因。他在回忆录中写道，“一些国家原本就独立，一些国家争取到独立。而新加坡的独立却是强加在头上的。我们从没有争取过新加坡独立……一个独立的新加坡根本无法生存下去”。但为什么后来的事实却是，

新加坡不但在独立后生存了下来，而且还声名鹊起，在地区乃至国际事务中发挥作用、施展影响？要回答这个问题，我们不妨从舆论形成的角度来做一个思考。

一种新舆论的产生，通常是由某个具体的舆论客体的出现而引发的。任何事物都可能成为舆论客体，而只有那些具有公共性、现实性、冲突性、反常性等特殊性质的事物或事件，才可能成为被广泛关注的话题。1965 年从马来西亚联邦独立出来而建国的新加坡，就是基于自己的表现和努力，使这个国家的新生成为具有现实性、公共性、冲突性、反常性的事件，因此受到国际关注。

新加坡的现实性在于它真正成为一个现实存在，并成功实现了独立自主发展，而非如李光耀所担心的“无法生存下去”。

新加坡作为经历过冷战的小国，深知保持独立自主有多么困难。因此，它对于维护国家安全的理解超出本国地理范围的界限——“国家安全不只意味着防卫我们的主权和领土，也包括保护我们的贸易联系和我们的生存与发展的权利”。独立初期的新加坡面临着非常严峻的安全挑战。这不但指的是 1965 年愈演愈烈的越南战争加剧东南亚国家对战火延烧到自家的恐惧，而且更是来自战后独立浪潮中新加坡两大邻国——马来西亚和印度尼西亚关于民族文化归属的激烈纷争。对于这个新独立的国家而言，最紧迫的问题是：由谁来保护新加坡？当时新加坡仅有的武装力量主要由马来人组成，而马来西亚出于防范印度尼西亚等考虑，虽然“逼迫”新加坡独立，但仍控制着新加坡防务。新加坡人迫切希望摆脱马来西亚的控制，但也深知自身安全不能放诸别国手中，不愿依附于某个大国。李光耀在“被迫独立”的第一时间开始推行国民服役制度，并秘密联系以色列，购买了一批淘汰坦克，建立了新加坡首个装甲部队，迅速形成最初的国防力量。此后的二十年中，新加坡国防开支一直位列国家财政支出榜首，这使新加坡武装部队成为了东盟国家中武器装备最先进的作战力量。

但受限于自身资源和幅员等条件，新加坡即使将武器装备发展到极致，也难以实现自我防御。新加坡将发展本国防务能力称为“毒蜂”“毒虾”战略，可见根本目的旨在强化威慑。要维护国家安全，新加坡必须同时倚重通过安全外交构建的安全网络。这就是新加坡国防政策“以外交和防御为两根支柱”的原因。可以说，新加坡的安全外交既是其防御能力的放大器，也是塑造舆论的重要基础。

新加坡安全外交的内核是大国均势战略，这在东南亚地区独树一帜，增强了这个新独立国家的辨识度。

二战后，绝大多数亚非拉国家是在赢得反帝反殖的艰苦斗争之后才争取到民族国家的独立，因而普遍存在追求纯粹的独立自主、反对大国干预的思潮。绝大多数的东南亚国家都经历过反殖民斗争，憧憬不受大国控制的国际环境。在这种背景下，1971

年 11 月东盟外长会议通过了《东南亚中立化宣言》，宗旨是把东南亚建成一个和平、自由、中立而不受大国支配的地区。新加坡虽然在独立后不久就加入了不结盟运动，也作为东盟创始成员国签署了《东南亚中立化宣言》，但它对国际政治的看法与其他东南亚国家存在根本差异，即新加坡承认大国对东南亚国家存在影响，接受大国在这一地区的存在和竞争，并且认为这是不可改变的事实，作为小国，它无力影响或改变大国的政策和决定。新加坡主张推动大国在东南亚形成均势的思想，正如李显龙在 1984 年一次公开演讲里指出的那样，“国际社会有许多特点与动物世界一样（比如弱肉强食）……美好的愿望不能代替精明的自我保护……依靠几个大国在地区内相互竞争的平衡局面来维系安全的政策，比把国家命运拴在一个专横傲慢的伙伴身上更好”，“大国能够相互制约，使他们中的任何一个都无法控制整个地区，如此一来，小国就能在他们之间的空隙中生存”，“这不是最安全的办法，但作为小国，只能寄希望于影响大国制定对自己有利的政策”。

基于这样的战略，20 世纪 60 年代，新加坡在支持美国参与越南战争，以及在越南战争之后加强在东南亚的军事存在的同时，联系苏联将其在亚洲最大的大使馆设于新加坡，甚至一度被国际社会认为是“最亲苏的东南亚海岛国家”。而随着美国在越南战争中失利，苏联在中南半岛影响力日益增强，新加坡担心苏联的影响力会延伸至东南亚海岛国家，反而在 20 世纪 70 年代后淡化对苏关系，直至后来苏联解体。时任外长拉惹勒南曾公开表示，“新加坡欢迎包括苏联和日本在内的域外势力在新加坡和东南亚的利益增长”。

新美关系正是从这一时期开始日益紧密的。对于美国在越南的军事行为，无论是在美国信心十足、还是陷入泥沼直至完全失败时，新加坡自始至终都支持美国。1969 年，李光耀访问美国，得知尼克松面对国内反战压力而焦头烂额，他给尼克松打气，“如果美国突如其来地结束越战，不但会在越南，也会在邻近国家造成意想不到的危险后果……最终目标应该是让南越也能像韩国一样有数万名美国驻军”。在当时的国际背景下，美国因为越南战争而饱受国内外的舆论抨击，却意外得到新加坡的支持，这为美国与这个新独立小国的关系开了个好头，以至于在 1989 年 10 月，新加坡与美国达成协议，由新加坡向美国提供原本让新西兰使用的军事设施，美军可以在这里停靠、修理飞机和舰只。这一决定是在两大邻国马来西亚和印度尼西亚的强烈反对下达成的，可见新加坡对于发展与美国关系的坚定决心。进入 21 世纪以来，新加坡继续维持对美合作：“9·11”事件之后，美国联邦调查局在新加坡设立了地区反恐中心，指挥和协调在印度尼西亚、马来西亚、新加坡、文莱的反恐活动。小布什政府曾公开表示“认识到新加坡作为主要安全合作伙伴所扮演的重要角色”。李光耀去世后，新加坡依然保持与美国的密切安全合作，包括继续为美军提供战略补给、停靠维修等服务，允许美国濒海战斗舰等进驻新加坡港等。

与大国加强联系为新加坡提供了战略层面上的安全保障。而在战术层面上，新加坡独立后第一个防御依靠是与原宗主国英国、邻国马来西亚以及澳大利亚、新西兰建立的“五国联防机制”，但这一机制具有较强的过渡性质，实际作用不大。新加坡真正重视的是与东盟共建多边安全网络，包括建设区域内的共同安全措施，搭建新加坡与贸易伙伴双边的安全对话和东盟与贸易伙伴之间的多边安全对话网络，其中最知名的要数东盟地区论坛。在此基础上，新加坡作为东道国，自 2002 年起协助英国智库举办年度多边安全合作对话——香格里拉对话会，也直接加强了新加坡与主要国家和国际组织之间的安全沟通与协调，使其安全网络更加巩固。

新加坡的公共性来自其广泛活跃的经济外交。曾先后担任新加坡外交部长和国防部长的黄根成在其著述中梳理过新加坡对于国家安全的三个层次的认知，其中第二个层次就是确保新加坡能在全球各个角落获得市场。新加坡自然资源匮乏，只有国防是无法保证生存的，还必须有不断发展的经济联系和财富积累才可以使这个国家生存下去。独立建国后，新加坡马上认识到，必须与迅速扩张的全球经济体系建立相互依赖的联系。

二战后，东南亚国家相继独立，纷纷采取了直接贸易政策，使新加坡原先借助港口获得的转口贸易地位迅速下降。这就要求这个新独立的国家改变原有的经济发展模式。于是新加坡决定借助经济外交战略，把这个港口城市建设成为一个“全球城市”。新加坡抓住了战后国际分工大调整的时机，积极推行外向型经济发展战略，将本国经济纳入国际分工体系。

经济外交凸显新加坡外交的实用主义特色——它可以完全把经济和政治问题区别对待。最典型的就是中新关系。新加坡在1990年与中国建交之前，就一直与中国保持紧密的经济联系。新加坡独立后的十年里，都是中国在东南亚地区最大的贸易伙伴，近年来还成为了香港之外的中国第二大外汇来源地。当时的新加坡本地媒体也认为，“新中虽然没有正式邦交，但双边关系一直好过许多有正式邦交的国家”。而在中国的对外关系中，能与没有建立正式外交关系的国家建立如此密切的经济联系，可能也只有新加坡了。另一个鲜为人知的案例是新加坡与朝鲜的经济联系。早在1967年朝鲜就在新加坡建立了贸易机构，1968年朝鲜派出由劳动党副主席率领的代表团访问了新加坡，是新加坡独立之后接待的第一个亚洲社会主义国家正式代表团。

今天，新加坡是全世界对外签订自由贸易协定最多的国家之一，也是第一个与美国签订自由贸易协定的东南亚国家。积极的经济外交使新加坡与不同国家建立了广泛的国际联系——目前它已与193个国家建立了外交关系，海外常驻使团包括7个特派使团、73 个大使馆、2 个驻联合国永久代表、44 家总领事馆和领事馆；此外，新加坡还成为 14 个国际组织的总部所在地。这对于一个只有 500 多万人口的小国而言，无疑是比较高昂的外交成本，但与新加坡借此取得的国际声望相比，这点成本绝对“物超所值”。

在新加坡独立之后，李光耀政府认为他们的当务之急是得到一张进入国际社会的“身份认证书”，取得一个真正的主权国家的独立地位。要做到这一步，新加坡采取了最简单也是最有效的方法，那就是加入联合国。于是，1965 年 9 月 21 日，在被迫独立后的第 2 个月，新加坡就成为了联合国第 117 个成员。加入联合国最初的几年，新加坡受益颇多。联合国向百废待兴的新加坡派出了许多专家和使团，研究它的未来经济走向，并为各种工业项目的可行性提出了建议。联合国开发计划署、科学和技术促进发展委员会、联合国工业发展组织、世界银行、联合国儿童基金会、联合国人口活动基金会等机构纷纷对新加坡独立之初的发展提供了大量有价值的建议、资金和资源支持。李光耀在其回忆录中也曾提到，联合国开发计划署的经济学家从 1960 年首次率领联合国调查团到新加坡指导工业化发展，受聘为新加坡经济顾问后，为新加坡服务了 23 年，在新加坡的现代化进程中扮演了举足轻重的角色。

除了受惠于加入联合国所获得的帮助，新加坡更是积极地以联合国为舞台展现自己的“小国大本事”。新加坡驻联合国代表是该国最重要的外交官之一，历任代表在这里切实增进了新加坡与世界各国的广泛联系。对新加坡而言，联合国是世界的窗口，是倾听的场所，更是发言的讲台。新加坡通过这个讲台，让世界听到它的声音，注意到它的思想，感觉到它的存在，从而服务于它的战略目标。

新加坡抓住了一些与之相关的国际议题，努力发挥积极、活跃而有建设性的作用，如积极参与国际性法律条约的制定和联合国的各项活动。在这方面，典型的例子就是新加坡积极参与《国际海洋法公约》的讨论。20 世纪 60 年代后半期，旧的海洋法律秩序已经崩溃，国际社会酝酿新的海洋法，而当时在海洋法讨论中影响力比较大的多为沿海国家，它们新提出的一些概念可能对新加坡不利，如 200 海里专属经济区的制度。对新加坡而言，这就意味着相当一部分现在被视为公海的海域会变成别国的内海。为此，新加坡积极推动建立国际社会都能接受的标准，并为保护地理不利的国家提出了一系列具体可行的方案。这些方案具有法理依据，兼顾了地理不利国家的利益，更能体现国际法对所有国家的公正性，也为地区合作提供更多可行的机会，因此被大多数海洋法专家接受。在讨论的过程中，由于新加坡所提的建议体现出了广泛性和公正性，该国负责海洋法讨论的外交家许通美先生被推选为第三届国际海洋法会议主席，最终出台的《联合国海洋法公约》在一定程度上反映了新加坡的构想。这成为新加坡提高国际影响力的“小试牛刀”。后来，新加坡通过成功担任联合国海洋法会议的领导角色，在国际社会上赢得了声望。许通美先生之后又担任了七十七国集团服务业领域保护主义的发言人、联合国环境与发展大会筹备委员会主席、地球首脑会议的主要委员会主席等要职。由此开始，新加坡在国际社会中崭露头角，影响力日益增强，倡导创设了“小岛屿国家联盟”等一系列颇具特色的国际机制。这些不同的平台为新加坡在国际事务中扮演积极的领导者角色提供了机会。新加坡也成功完成了时代赋予它的任务，成功塑造了该国在21世纪继续扮演东西方桥梁的国际形象。

通过上文的描述，可以大致看出新加坡博取国际关注的路径：首先，承认大国政治，以接受、融入的姿态进入国际体系，从而被国际社会所知晓；其次，坚持“不选边”，通过经济外交广交友、聚财富，在积累实力的同时加深与国际社会联系；再次，在关键问题上敢于“硬刚”，既彰显了原则、保障了本国利益，更因此获得关注、赢得尊重；最后，最重要的是，在一些具体问题上，新加坡巧妙发挥自身独特作用，积极推动国际议程，通过一个个“小成功”聚沙成塔，是它拥有“小国办大事”舆论印象的最重要基础。

在新加坡独立初期，确实曾在其国内外出现很多纷乱的声音，但发展步入正轨后，这种“杂音”似乎越来越少了。在将分散的个人意见聚合为几种主要的群体舆论产生的过程中，领袖、权力机构和智库分别发挥了重要作用，可谓新加坡舆论塑造的三大支柱。

首先，领袖的作用至关重要。新加坡从独立建国起就有意识地设计对外宣传，注重在国际社会中树立本国正面形象。究其源头，是开国领袖们确定的治国方略——李光耀曾在他的回忆录中说，“独立后我千方百计要找出引人注目的方法”。但酒香也怕巷子深，新加坡这颗小小的“金子”，落到沙滩上怎样才能让自己耀眼夺目呢？由领导人亲自来做宣传，力度才会最大。许通美先生曾在他的《探究世界秩序》一书中写道，“新加坡在世界上拥有其他微型国家所无法比拟的影响力，并发挥着重要作用。这取决于两个因素：新加坡总理的形象和这个国家所取得的成就”。

新加坡独立至今的三位总理中，最先出场、在位时间最长的李光耀先生在让世界认识新加坡方面发挥了最重要的作用。他的留英经历、外交“魅力”和中英双语能力带领新加坡冲出马来半岛、走向世界。

1946—1950 年，李光耀曾留学英国。他先是在伦敦经济学院学习，而后又转入剑桥大学，攻读政客辈出的法律专业。因此，在英国的四年留学生活，不但让李光耀政治思想日益成熟，而且还使他在英国政界建立起“朋友圈”。他在与当时英国工党政治领袖频繁接触的同时，一旦感到某些英国学生将来可能会在主要政党里扮演重要角色，就会有意与之多接触、多交流，并建立比较密切的私人关系。这些人脉资源可谓是李光耀政治生涯的“第一桶金”——既是他学成回国后参与政治的重要资源，更使英国政治精英圈对李光耀本人及其日后所代表的新加坡有了很具体的认识。这为新加坡独立后提高国际知名度预留了一扇门。

李光耀学成回国后，先是投身律师行业。他当时常常代表新加坡底层民众，与企业家和政府等进行谈判，以尽量照顾到各方需要的方式，为弱势群体争取到很多利益。这段经历助力李光耀形成了务实、灵活、果断、专业的作风，让他成为人群中辨识度比较高的那个人。后来，李光耀投身政界，这一作风让他在外交活动中大放异彩。1968 年，李光耀出访英国，在当地电视台做访谈，受到当地媒体追捧。1971 年，在李光耀的积极争取之下，第 18 届英联邦政府首脑会议在新加坡召开。这是该会议第一次在亚洲国家举行。会议的成功大大超出了别国预期，切实提高了新加坡的国际知名度。

李光耀的另一个“杀手锏”是他的语言能力。语言是最重要的传播媒介，其承载着对于文化和价值观的认同。李光耀一口流利的英语为他打造“西方朋友圈”提供极大便利。而二战后新独立国家的领导人中，极少有人英语水平与他相当。李光耀正是凭借“英语圈”支持奠定了他个人和新独立的新加坡的国际交往基础。之后，他又为了能更顺畅地与冉冉升起的新中国交流合作，专门学习并且熟练掌握了汉语普通话，推动中新关系日益密切。

这就是为什么李光耀为新加坡确立了“英语+母语”的双语教育模式，至今新加坡全民精通英语，政府工作语言也是英语。

李光耀还以一己之力为新加坡争取到“为重要国际会议提供场地”的独特地位。时任中共中央台办副主任、国务院台办副主任的资深外交官唐树备曾表示，“从某种意义上讲，是李光耀玉成了‘汪辜会谈’”。从那之后，新加坡中立的外交地位越来越广为人知，“习马会”“特金会”等重大外交事件都在这里进行。

李光耀在国际舞台上的活跃表现、深刻的国际政治洞见和专业的外交能力，给许多重要的政治人物留下了深刻印象。如美国前总统里根就曾表示，“许多美国总统，包括我在内，都曾从他充满智慧的忠告中获益匪浅”。德国前总理施密特也曾表示，“当我在二十年前第一次会见新加坡总理李光耀时，就对他留下深刻印象。我深为李光耀这个人所吸引，直到今天还是如此”。

其次，权力机构的作用必不可少。新加坡的权力机构力争成为公共舆论的“主脑”。自独立之日起，新加坡就将言论自由和新闻媒介的自由放置在国家完整和民选政府之下。新加坡政府强调国家的特殊性，强调舆论必须与政策保持一致，政府必须控制舆论，防止舆论煽动种族问题，扰乱社会秩序。李光耀曾经言辞激烈地指出，有些人竟然天真到相信新闻自由是神圣的和没有限制的，他们不了解也许无从了解，新闻自由实际上只是报管主人的自由，也就是拥有全权聘用和解雇新闻从业员的报管主人的自由。而对于民主政治，李光耀在《好政府比民主人权重要》这篇文章中非常直接明确地表示，“各国的所有人民都需要好的政府；一个国家必须先有经济发展，民主才可能随之而来。除了几个例外，民主并没有给新的发展中国家带来好的结果”。他认为，这是因为没有一个有力的政府建立起经济发展所需的稳定和纪律。现今，新加坡政府在传统舆论管理的基础上，尝试管控数字时代的网络舆论。2019年，新加坡国会通过了《防止网络假信息和网络操纵法案》。虽然被维权人士指责“扼杀言论自由”，但是新加坡政府由此获得了应对本国公民在网上制造、传播不实信息的法律武器。2020年，新加坡国会又通过了《防止外来干涉（对应措施）法案》。借此，新加坡政府取得了管制外国公民在该国制造、传播不实信息的权力，完善了管制全境信息的能力。

新加坡引塑国际舆论的一个特色方式是善用智库增进国际交往、扩大国际影响力。特别是，新加坡的国际问题智库自带学术外交底色，是自该国独立之初就形成的特色。1965年新加坡仓促独立之后不久，柬埔寨首先承认新加坡并邀请派团访问。但由于外交部尚未成立完备，新加坡政府只好委托当时唯一的国际问题智库“新加坡国际事务学会”代行外交任务。此后，新加坡的国际问题智库都会在国际交流中自觉发挥“二轨外交”作用。至今，新加坡的国际问题智库均与该国外交系统联系密切，基本也都有“学者型政要”或“学者型外交官”坐镇。

虽然与国际上的知名智库相比，新加坡的智库规模不算大、总量更不算多，但它们的国际化水平比肩甚至超越了部分美欧一流智库。新加坡智库，特别是国际问题智库的深度国际化，从人员和机构角度促进了国际沟通，便于新加坡掌握国际问题的最新动向，也使各国参与者在潜移默化中增强对新加坡政策主张的认同，有助于提高其国际影响力。新加坡智库国际化特征主要表现在三个方面。一是管理体制机制国际化。新加坡各个智库虽然实行不同的管理模式，但基本允许外国机构代表和外籍人士进入管理层，有些智库甚至为外籍管理层人员预留了一定比例。二是人员国际化。新加坡智库从管理人员到研究人员，都显示出高度国际化特点。三是与外国政府和机构紧密合作。新加坡智库为外国政府、企业及其他机构培训高级管理人才，与外国智库或机构进行联合研究，个别的跨国联合研究成果会同时呈报给合作各方所在国政府机构，而更多的研究成果会通过公开发表的形式扩大影响力。

在新加坡智库通过提高国际化水平，增强与国际社会的交往和联系的过程中，新加坡政府通过两类渠道影响和管理智库的所有活动。一是体制机制渠道。新加坡大多数智库为大学附属机构或隶属于大学的自治机构。新加坡教育部是各个大学的上级主管部门，是可以与国防部、财政部比肩的核心部委。新加坡政府可以通过向大学发通知、布置重要工作、邀请智库人员参加政策对话会、向大学智库委托研究课题等多种形式引导智库研究和发声，服务政府需要。新加坡个别智库甚至可以被视为专题性的政策协调“软平台”，比如新加坡国立大学能源研究所。虽然设立于新加坡国立大学，但该智库管理委员会主席是内陆税收局首席行政官；管理委员会成员包括贸易与工业部能源市场管理局局长、国家环境局首席执行官等相关政府部门负责人。这为新加坡制定能源政策切实发挥了沟通国内外、协调政府各部门、促进社会各界共识的作用。二是平台渠道。新加坡各大主要智库在相关领域主办的活动都可以成为政府宣介政策主张、听取各相关方意见建议的平台。

在新加坡智库的活动中，香格里拉对话会是智库引领国际政治议程的最佳实践。这是由英国国际战略研究所与新加坡国防部亚洲安全峰会办公室携手组织的年度论坛。2002 年首办，其后每年 6 月在新加坡市中心的新加坡香格里拉大酒店召开，故得名“香格里拉对话会”。参与论坛的包括亚太地区 28 个国家的国防代表、军方将领、政界人士等。峰会期间，参与者针对亚洲最紧迫的安全挑战进行辩论，并举行高端双边会谈，共同寻找解决方案。峰会对新加坡而言达到了双重目的。一是促进了高层交流。高规格的与会嘉宾是会议成功的基本保障。近年来，中国、美国等主要大国的部长级官员均会出席会议，参会民间代表的规格也不断提升。二是体现新加坡促进合作与共识的作用。新加坡不仅促进了国际合作和共识的形成，也展示了其作为区域安全对话的重要平台的角色，引导了亚太安全议程的走向。

参 考 文 献

1 诸葛蔚东:《战后日本舆论、学界与中国》(修订版),中国社会科学出版社 2003 年版。

2 杨伯江主编:《日本研究报告(2018):安倍“超长期执政”背景下日本战略走向与中日关系》,社会科学文献出版社 2018 年版。

3 孙承:《日本国家战略研究》,中国社会科学出版社 2020 年版。

4 崔健:《日本国家经济安全战略转变研究》,商务印书馆 2023 年版。

5 [美]南希·K. 斯托克著,张容译:《神奈川冲浪外:从传统文化到“酷日本”》,社会科学文献出版社 2020 年版。

6 王堃:《日本对华 ODA 的战略思维及其对中日关系的影响》,中国社会科学出版社 2005 年版。

7 许金生:《近代日本对华宣传战研究(1868—1937)》,复旦大学出版社 2021 年版。

8 [日]丸山真男著,王中江译:《日本政治思想史研究》(修订译本),生活·读书·新知三联书店 2022 年版。

9 熊沛彪:《日本外交史研究》,商务印书馆 2011 年版。

10 肖传国等:《近代以来日本“实力主义”对外战略理念研究：历史沉思与现实洞察》，时事出版社 2020 年版。

11 [新加坡] 李光耀:《李光耀观天下》，北京大学出版社 2015 年版。

12 [新加坡] 韩福光等著，林琬绯等译:《李光耀：新加坡赖以生存的硬道理》，Straits Times Press Pte Ltd 2011 年版。

13 [新加坡] 韩昕余:《新加坡建国之路：小红点，大格局》，新加坡：宜居城市中心 2016 年版。

14 John Curtis Perry, "Singapore: Unlikely Power", Oxford University Press,2017.

15 李克强:《在开放融通中共创共享繁荣》，中国政府网，2018 年 11 月 13 日，http://www.gov.cn/gongbao/content/2018/content_5343730.htm。

16 [美] 傅高义著，陈振声译:《亚洲四小龙腾飞之谜》，中国政法大学出版社 1993 年版。

17 唐树备、张桦:《“汪辜会谈”背后的故事》，《今日中国·中文版》2009 年第 3 期。

18 [新加坡] 李光耀:《李光耀四十年政论选》，新加坡：联邦出版社 1995 年版。

8

第八章

新舆论

近年来，人工智能、大数据、虚拟现实等新数字技术的发展，正在进入快速渗透阶段。从人类历史看，印刷术、造纸术、指南针等新发明和技术往往率先应用于新闻传播领域，并在短时间内得到广泛应用和传播，进而给整个舆论形态带来颠覆性影响。新一轮数字技术也很可能遵循这一惯例，对媒体产业和舆论形态产生深远影响，对信息传播模式和人们的认知带来重大冲击。口口相传的传播模式正在被进一步取代，人类社会可能将进入舆论和传播的新时代。

大数据让舆论场更易突变，更加猛烈

在上述前沿数字技术中，大数据既是一种此前未出现的新技术，也是一种全新的业态和模式。从技术层面看，大数据是指一种更为高效、迅捷的数据处理技术。相比传统数据处理技术，大数据处理技术具有宽容、快速、非结构化的特征，即可同时处理海量数据，快速生成处理结果，无需预先对数据进行分类和整理，通过算法对数据自动整理并挖掘数据背后的隐藏联系。当今世界，人们在日常生活中产生的数据多为未加整理的非结构化数据，大数据在处理此类数据中具有天然优势。

大数据虽“以大为名”，但其突出优势是即时和迅速。例如，在传统模式下，一家企业想要了解产品的市场销售和竞争力情况需要开展广泛市场调研，既需要获知各销售网点的库存和销售量，又需要对主要竞争产品进行摸底。这一过程十分漫长，使得商家很难快速感知市场需求和用户喜好的变化。但利用大数据技术，商家可通过网络搜索指数、口碑评价、退货情况等间接数据，提前推断出准确情况。商家甚至可以利用用户在其他消费行为上的表现预估产品的市场接受度，进而减少试错成本、做出预先修改和营销引导。大数据能够实现基于现有数据开展前瞻性分析和预测，这是传统数据分析手段无法达到的效果。

除了技术以外，大数据也代表着一种新的业态和模式，即基于海量数据实时分析来进行决策，展开行动。这意味着大数据技术与其他数字技术、其他自动化技术和设备的结合。例如，基于大数据技术，互联网企业可在短期内快速扩张，横跨多个行业和领域，形成互联网平台。这些平台的运营完全基于海量数据，管理者不需要了解行业的具体情况，只需要基于数据开展预测和决策，基于数据之间的联系，调整不同业务以达成最佳效果。

由于大数据在反应时间、分析、预测上相比传统数据分析模式有显著优势，这一技术已经成为广大企业获取信息和决策优势的重要支撑。越来越多的企业及政府开始运用大数据开展业务，基于大数据决策并实施管理。这给整个社会带来深刻影响，形成了一个全新的大数据时代。

媒体产业和舆论场同样受到大数据技术和大数据模式的深刻影响，成为率先进入大数据时代的领域。

首先，大数据改变了媒体的运营模式，让媒体企业更关注用户喜好，更注重以用户为中心构建传播渠道和传播内容。例如，媒体可以更为清晰、直观地感受到传播效果、用户反馈、舆论场竞争态势，更直接地意识到媒体竞争的关键是用户注意力、认知和黏性之间的争夺。在这一新指标体系下，媒体难以继续墨守成规，固守地盘。与之相对，媒体更加重视用户的注意力、群体偏好和审美倾向，希望借助这些大数据才能感知的隐藏信息在激烈的舆论场竞争中占得先机。

例如，美国互联网影音公司奈飞即通过数据挖掘发现了喜欢英剧，以及喜欢导演大卫·芬奇和演员凯文·史派西的观众存在交集，一部影片如果同时满足这几个要素就很可能大卖。根据这些因素，奈飞公司买来了英剧的翻拍权，由大卫·芬奇导演和凯文·史派西主演，进而创造出轰动一时的剧集《纸牌屋》。如今，媒体企业、娱乐公司及互联网平台运用大数据选取剧本、确定演员、编排剧情走势已经成为普遍现象。

其次，大数据加剧了媒体行业竞争的激烈程度，让媒体更加重视建设渠道而非丰富内容。大数据时代，越来越多的企业开始跻身媒体领域，自建信息发送渠道，试图与用户和潜在用户直接建立联系。大数据促进了社交媒体的发展，使这些原先缺乏价值的零散数据成为了企业趋之若鹜的宝藏。企业媒体和个人媒体的数量增长均对传统媒体带来冲击，分散其市场份额，也削弱其对传播内容的垄断。在此形势下，媒体依靠单一传播渠道已难以与“全媒体”的新型传播企业展开竞争。近年来，各国均出现了报刊、电视台等传统媒体式微的情况，渠道最为单一、传播周期较长的报刊所受影响最大。从用户基数看，报刊正在退出主流媒体范畴。受到激烈竞争的压力，各类媒体都开始将构建新的传播渠道作为头等大事，希望转变为“全媒体”，迎合用户和广告商的需求。除了印刷、广播、电视等单向渠道外，媒体企业更重视能够直接采集用户反馈的双向渠道，例如点播、互动动画、游戏等。一些互联网媒体开始运用推送、订阅等功能主动向用户推荐其可能感兴趣的信息，进而试图占据用户更多的阅读时间。大数据让媒体与传播内容之间的界限变得更为模糊。媒体似乎正式进入了传播学家麦克卢汉提出的“媒介即讯息”“媒介是人的延伸”的时代。

再次，大数据促进了新一轮信息爆炸，也扩大了用户群体之间的认知鸿沟。大数据标志着人类社会利用数据资源的又一次突破，解决了数据数量与质量之间的矛盾，赋予更多非结构化数据更大价值。在这一新模式驱动下，互联网企业将激发、获取更多用户数据作为主要目标，推动了社会新一轮的数字化转型。媒介领域，层出不穷、花样翻新的各类自媒体不断涌现，鼓励用户将思想、语音、图片、视频等信息上传至网络平台并在互联网中传播，产生了指数级别增长的海量信息。据统计，2010—2020 年，全球数据流通量从 2 ZB 上升到 64.2 ZB，预计在下一个 10 年间，该数据还将升至 181 ZB，在 20 年内将增长 90 倍之多。这些海量数据主要由用户采集和传输，让各类信息遍布互联网。

信息爆炸给民众甄别和接受信息带来了新的困难。民众的阅读时间、信息接受渠道、受教育程度、知识面等均会影响其理解和消化信息的能力。一些人更容易受到情绪化、碎片化的信息影响，从而被外部信息刺激、控制、俘获。另一些人则能有意识寻找和挖掘有价值信息，从海量信息中挖掘真正价值。还有一些人出于价值观、个人喜好等只观看特定信息。信息爆炸也让大众媒体更难以容纳和展现完整、系统的信息图景，其用户忠诚度不断下降。主流舆论声音正在被各种各样的其他信息和噪音所牵引、掩盖，不同用户群体心目中的“主流舆论”有可能截然不同。

从次，大数据强化了人工智能、机器算法等智能信息技术在媒体和舆论中的作用。信息爆炸给媒体运营带来了新挑战。媒体希望快速收集、整编、发布信息，在激烈的市场竞争中存活。商家希望能够精准投放广告和服务，避免其传播内容被海量信息掩埋。用户希望在短时间内获取对其有用的信息，解决信息爆炸占用其过多阅读时间的难题。智能信息技术成为解决三者共同需求的主要手段。人工智能、机器算法等技术提升了信息整理、分类的效率，替代人工实现更高效的信息推送，也给用户提供了处理信息的智能辅助。这些智能技术已广泛渗透到信息传播的每个环节及舆论场的每个领域，成为除发布者、信息、媒介、受众之外的又一个重要舆论组成部分，甚至成为决定舆论场走向的关键因素。

另外，大数据加剧了舆论场的随机性和波动性，使舆论演变的周期显著加快。信息爆炸、媒介增多、渠道多样和算法介入改变了当今舆论场的基本形态。信息传播扩散的过程正在变得更加复杂，甚至已经成为了某种难以破解的“黑箱”。一些原先无法成为焦点的偶发事件可能突然成为焦点，另一些热点事件又会被其他事件所快速掩盖。传统的舆论场运行规律正在土崩瓦解，新的规律难以捕捉。这让舆论场中的每个人对舆论场走向均缺乏预期。

上述作用下，大数据时代的国际社会舆论场正在发生深刻变化。舆论场已经无法回到过去的电视、广播、报纸时代，未来不断更新进步的新媒介只会让这种变化更为彻底、全面，形成一个新的舆论时代。

变化之中，最为突出的特征是舆论场的“马太效应”显著增强。舆论场本身存在激烈竞争。针对任何一个事件，舆论场内都存在不同的观点、立场、态度和论据。这些不同观点既体现出信息传播者的差异，也体现出舆论场背后不同群体及不同受众的认知判断和偏好，共同形成了较为多样的信息图景。但在大数据时代，舆论场中信息的竞争被加速，一些非主流、平和的观点被淹没在其他具有较强煽动性的信息之中。针对特定事件，舆论场很快会形成两种对立的观点，形成两极化的舆论形态。这种“马太效应”削弱了信息的多样化和丰富性，也给受众心态带来长期影响。

舆论事件爆发更为突然迅猛。从近年情况来看，突发性舆论事件的出现更加突然，扩散传播更加迅速，经常给社会稳定带来冲击。例如，2016 年美国大选期间，美国出现希拉里·克林顿及多位民主党高层人士涉及人口贩卖及儿童色情团体的传闻。此事内容离奇，但通过社交媒体广泛传播，被各类用户群体快速转发，导致不少受众信以为真，甚至持枪攻击有关押儿童嫌疑的披萨店。此事虽被持续辟谣，但迄今仍是美国流行的阴谋论之一。

大数据是助推此类阴谋论传播的重要因素。大数据让社交媒体及机器人账户能够更快速捕捉受众心理，制造符合其预期的真伪信息。此类传闻在快速传播过程中，又会成为在舆论场中引起关注的巨大新增数据，从而被算法捕捉及推荐。这种滚雪球效应让阴谋论在未经验证的情况下直抵几乎每个受众，部分缺乏信息鉴别能力的受众即会信以为真。在大数据时代，难以核实的虚假信息和阴谋论有时比容易核实、确定的信息流传得更广，带来的影响更深刻。

最后，在大数据时代，认知和舆论操纵正在成为一种新的现实。大数据出现之前，受众所接受的信息多以碎片化的方式出现。例如，受众在一天内会通过阅读报纸、观看电视节目、上网、打电话等多种渠道获取信息，每个渠道的信息都可能会被不同价值观及立场的群体加以修饰和加工。即便是针对同一事件，受众也能够接收到多方面、多来源的信息。受众自身的价值观、世界观和相关知识储备是塑造其对事件认知的决定性因素。针对同一事件的多样化认识也使得舆论内部充满矛盾和分化，难以简单进行控制和影响。

在大数据时代，用户的信息渠道表面上仍显示出碎片化的状态，但不同信息渠道之间的隐藏联系增多，受众被有意识引导塑造的可能性增加。例如，社交媒体巨头常同时运营多个媒体和电子商务渠道，向受众推荐关联信息。一些传播者也在社交媒体上通过伪装身份开设多个账号，接力传递特定信息，令受众误认为该信息得到多次验证。这使得受众很容易被误导或被操控。同时，营销机构运用大数据可快速识别受众群体的心理特征和偏好，从而实施有针对性的营销策略。

2016 年美国大选中出现的“剑桥分析事件”即充分体现出政治营销机构运用大数据影响舆论和受众认知的能力。剑桥分析公司为英国一家政治咨询公司。在 2016 年美国大选期间，该公司接受美国共和党总统参选人克鲁兹和特朗普的委托，通过社交媒体影响美国选民的投票意愿。该公司通过美国脸书收集了 8700 万用户的数据，为每个用户制造“个人心理档案”。这些数据被用来投放量身定制的广告，或强化其选举意愿，或激发其对特定选举人的反感，或诱导其改变对选举形势的判断。该公司称，这一前所未有的政治营销策略让克鲁兹在初选中获得超预期表现。

此事被披露后很快在美国引发轩然大波。民众担忧其隐私被社交媒体利用；政治精英则更忧心这种大数据技术正在改变选举的规则，最终冲击西方民主制度的有效性。虽然脸书和剑桥分析公司因此受到重罚，但这并没有终结此类革命性的竞选手段。自2016年至今，美国选举中出现了越来越多的类似手法，也让选举变得更加昂贵、更加激烈，对社会造成更大冲击。

人工智能已成为塑造舆论场的“园丁”

相比大数据，人工智能技术发展对舆论的影响更加直接、更加动态。几乎每个月都会出现人工智能在该领域的应用，几乎每隔数年就会发现一种根本性、革命性的趋势或变局。人工智能不仅是当今新媒体诸多运营模式和智能化功能的主要技术依托，也是虚拟人、生成式人工智能、深度伪造等新型信息生成技术的基础，更成为塑造舆论生态和媒体产业的关键性因素。

2006年，加拿大学者提出了革命性的深度学习训练方法，让人工智能技术进入第三轮“飞跃期”，部分试验性技术进入快速应用发展阶段，给经济和社会带来越来越直接的影响。在这一模型带动下，人工智能在多个领域的学习显著加快，在机器翻译、无人驾驶、图像识别、博弈对抗等应用领域接近或超越了人类的水平。

数据、算力、算法和辅助训练是支撑人工智能技术发展的主要支柱。人工智能的进步过程类似于一个孩童，需要通过丰富的数据提升知识量，依靠脑力成长提升反应速度，通过训练和教导学习正确的应对和处理方式，一些较为固定的思维模式即将定型为算法。在四项因素中，算法是人工智能智力的结晶，其进步使人工智能发生“迭代”，能够实现前所未有的功能。

2010年以来，社交媒体的快速普及、大数据的快速发展让人工智能在媒体和舆论领域有了更多应用，产生了一系列基于新算法的应用。这些应用开始给各国媒体生态和舆论形态带来了深刻影响，成为舆论中一个愈加突出的新因素。这些新应用包括：

第一，算法推荐模式。算法推荐是指基于人工智能算法，通过收集分析用户的现有数据，从而判断用户的喜好偏好或行为模式，进而预测其喜好和感兴趣的内容，并提供与之相关的选项或信息。行为模式分析是算法推荐的核心，即通过人工智能将用户较为碎片化的公开信息进行整合，通过表层信息推测其深层心理。

算法推荐包括以下主要模式。其一，基于协同过滤的推荐算法。该模式主要基于用户的历史行为来推测其未来喜好，即通过历史记录过滤掉用户不感兴趣的内容。其二，基于内容的推荐算法。这种模式会分析产品和内容的特征，进而将产品主动推荐给有相关兴趣或需求的用户。其三，基于深度学习的推荐算法。这种模式基于神经网络模型，对大量用户数据进行持续学习和训练，进而了解一个群体用户的需求和兴趣，提供更准确的推荐内容。其四，基于情感分析的推荐算法。这种模式会根据用户行为和选择推断其情感和情绪，进而确定向其投放的内容类型和角度。其五，基于位置的推荐算法。这种模式主要根据用户当前所处的位置或历史位置推荐附近的服务消费场所或景点。其六，基于时间的推荐算法。这种模式可以根据用户的历史活动和当前时间来推荐相关的内容或产品，例如结合热点事件的推送和节日促销等。

上述算法推荐模式通常并不单独出现，而是通过结合形成更强大的预测和推荐功能。例如，用户在利用手机搜索附近的餐厅时，手机不仅会根据基于位置的推荐算法提供附近的餐厅，根据用户的浏览记录和以往消费记录推荐用户可能喜欢的菜式及档次，还会基于用户的浏览记录推测其消费目的，推荐相关商品，甚至会通过社交媒体、短视频平台等向用户推送相关餐厅的用户体验。用户的此次活动也将被全程记录在手机中，手机通过算法来完善对用户的画像。

算法推荐在舆论领域影响方式类似，但产生的影响更加巨大，不仅针对特定个人，也针对一个较大范围的用户群体。算法推荐同样塑造用户的信息选择，即基于用户以往偏好向其推送特定类型的信息，引起其关注。相比消费领域的算法推荐，信息传播中的推荐更基于用户的情感因素，即并非迎合用户的需求，而是通过刺激用户的潜在情感来诱导其点击，这意味着这一推荐过程激发了用户新的情感。这种情况一旦大规模出现，即可能让特定群体对于某个事件的情感释放增加，产生相互传导、螺旋增强的效应。这种情况很容易让用户被非理性因素驱使，逐步丧失对于外界信息的客观认知。

这种现象也被称为“信息茧房”效应，即用户长期被根据其价值观、喜好、知识结构、历史记录的推荐信息所包围。这些信息产生了一个用户自身难以超越的整体图景，塑造了用户对于外界的认知，使其既无法接受新鲜事物，也无法准确得知外界的变化，无法理性参与重大议题的讨论。“信息茧房”在由特定科技巨头控制的“媒体矩阵”中更加明显。例如，用户可能通过短视频、信息推送、电子商务、订阅信息等多个渠道获取信息，但这些渠道事实上均由一家企业控制。该企业可基于多个平台获取的信息完全掌握用户的浏览习惯和偏好，进而不断地投其所好，强化其个人倾向，最终让其成为“单向度的人”。

第二，人工智能舆论分析。人工智能成为政府、企业和媒体舆论分析预测的新工具，帮助这些机构通过社交媒体、新闻阅读量、在线讨论等数据了解公众对于某个事件或话题的态度和倾向。对于政府而言，这些分析结论能够帮助其了解公众态度，及时调整政策，并予以澄清和疏导，避免发生群体性事件。对于企业而言，这些分析结论能够帮助其改进产品和服务，引导产品创新方向，及时反馈用户意见和诉求。对于媒体而言，这些结论能够让其改进宣传策略，建立新的传播渠道，通过改善传播效率来增加广告营收。

人工智能舆论分析包括以下主要技术。其一，情感分析。人工智能可以利用自然语言处理技术，对文本进行情感分析，将文本分解为一个个情感标签。算法可基于用户的浏览时长、浏览选择来确定用户对内容或特定话题的态度和情感，进而评估用户及公众舆论的情感倾向。其二，话题聚类。人工智能可以利用算法和机器学习，对需要处理的舆情信息进行快速归类和整理，找出其中的关键因素、主要脉络、主要影响规律等，确定核心话题和主要舆论观点。这能够快速帮助政府和机构掌握事件的发展趋势，预测事件未来走向。其三，模型预测。人工智能可以运用算法对历史数据进行学习和训练，找到一个类型事件的主要影响因素和发展规律。此类模型适用于分析当前特定事件，预测其发展走向，也可被用于预测某一领域的发展趋势、热点事件发生的周期等。其四，图像识别。基于人工智能的计算机视觉技术可快速对图片和视频进行分析和识别，将图像信息转化为其他更容易处理的信息，确定图像现场的人物、物品和事件。相关数据可被用来丰富现有数据，从而更为精确地分析事件细节。其五，舆情监测。人工智能可通过自动化方式对新闻、社交媒体、论坛等平台上的信息进行实时监测，快速处理用户发布的海量数据，迅速了解公众舆论的态势和走向，迅速标记公众舆论中影响力快速上升的热点事件。

人工智能舆论分析的最大优势在于快速。以往，舆论分析主要通过市场抽样调查方式实现。例如，一些专业性的调查机构会针对特定事件或产品展开市场调研，通过邀请用户填写问卷、回答问题等方式收集有效信息，完成分析结论。但人工智能舆论分析则无需通过这一过程。人工智能算法自动收集了用户网络浏览、转发记录和网络言论，结合用户的个人信息，算法快速生成了特定用户群体对这一事件的看法。这种生成过程可能在几分钟内实现，从而让机构第一时间获知用户的第一反应。

人工智能舆论分析的最大特质在于探索发现性。由于传统舆论分析均基于特定的议题或事件，具有明显的目标指向，因此传统分析模式难以发掘出舆论中潜藏的动向、非主流声音、极端声音，难以准确、完整地形成用户态度的光谱。这些分析结果即便准确，但也很可能由于缺乏关键要素，导致实际服务的效果不理想。此外，针对特定事件或问题形成的分析结果也缺乏在其他领域应用、对未来舆论走向进行预测的能力。相比之下，人工智能舆论分析的路径和步骤不同。算法既可以按照指令对特定事件或问题进行分析，也可以完整收集当前舆论的整体图景，从中找出最具影响力的公众情感或事件。同时，算法还可以通过关联分析发掘事件和舆论情感背后的隐藏联系，探知舆论的传导和运行机理。这些深层次信息对于机构等决策者而言更有价值，可直接服务其改进策略，将资源和精力聚焦到关键问题之上。

第三，数字虚拟人。数字虚拟人是指运用数字建模技术生成数字化外形的虚拟人物。此类虚拟人一般只在电子设备中存在，可与用户展开互动。早期的数字虚拟人通常仅能按照既定的指令完成活动，缺乏与用户互动的能力。近年来，随着人工智能技术快速发展，数字虚拟人的外观、智能水平与真人更加近似，甚至拥有比真人更为华丽的外表，其能够完成的任务类型也显著增加。

人工智能的数字建模和人机交互技术是数字虚拟人的基础。利用人工智能技术，当前数字建模的成本和门槛迅速降低，可在较短时间内生成各有不同的外观、声音和表达方式。一些数字虚拟人甚至可以注册社交媒体账户，像真人一样发布状态，与真人用户开展互动，举办虚拟演唱会等活动。

数字虚拟人对舆论的最大影响在于创造了新的传播主体。这意味着未来网络舆论中不仅包含真人，一些舆论声音可能是由数字虚拟人发表和传播。政府和机构在分析舆论信息时也需要考虑这一因素，需要采取有针对性的过滤措施，避免数字虚拟人创造的传播内容“污染”分析样本。一旦样本被“污染”，就会驱动政策或算法更多考虑数字虚拟人的关切，从而偏离初衷，形成与以人为本相对立的倾向。

第四，生成式人工智能。生成式人工智能是当今数字经济中最为热门的领域。微软旗下人工智能平台 OpenAI 所推出的聊天机器人 ChatGPT 即属于这一领域的应用。从广义来说，生成式人工智能是基于深度学习算法的一种技术应用，用户可通过简单指令生成更为复杂、丰富的内容，实现对用户指令的理解、扩容和转化。这一技术广泛应用于文字、图像、视频、音频等领域。OpenAI 的图像生成人工智能 DALL-E 可基于简单指令将多个图像元素以创造性的方式进行合成。Meta 公司推出的视频人工智能生成应用“做个视频”（Make-A-Video）可根据几句话或几行文字制作出独一无二的充满生动色彩、人物和风景的视频。谷歌公司的音乐人工智能应用 MusicLM 可根据简单文本生成高保真音乐，甚至可直接用于电影配乐。

ChatGPT 虽然生成的内容仅为文字，但其扩展性、互动性强，可根据用户要求进行进一步完善和调整，因此产生了巨大影响。ChatGPT 所生成的内容虽然均基于现有数据，但可对数据进行重新整理和提炼，由此产生新的内容。美国媒体称，美国有超过 50% 的公司已经开始使用 ChatGPT 提升工作效率。ChatGPT 也在新闻传播、论文写作中具有显著的效能，成为了舆论中重要的工具和变量。

生成式人工智能不仅可以用来生成有价值的信息或帮助用户查询、摄取信息，同时，也可能成为信息造假的有效工具。此前，一些技术专家基于生成式人工智能发布了多个“深度伪造”应用，可将图像、视频或音频进行篡改，扭曲其本意，在互联网上传播并造成轰动效果。生成式人工智能本身并没有甄别信息真假或防止被用于伪造信息的技术限制，这意味着该应用本身具有两面性，大量基于该应用生成的信息真假难辨，整体上增加了舆论中虚假信息的含量。

上述四类人工智能在舆论中的应用给舆论空间带来了深刻影响，形成了媒体产业和公共舆论的新业态、新生态。一方面，人工智能推动媒体产业和用户快速转型，积极运用这些先进工具替代原先费时费力的工作，使媒体传播和舆论生成更加人机结合，更依赖于算法和技术进步。这种高效模式客观上加速了信息传播速度。通过自动化和智能化生成的信息量更大，生成速度更快，人工智能也在刺激用户进行转发和评论，加快信息在整个舆论场的扩散。在这一变化中，传统媒体受限于经营和管理模式转型较慢，而新媒体、自媒体则能够快速跟上每一次技术浪潮，双方处于不对等的竞争环境。这使得新媒体的影响力不断提升，传统媒体则声音式微，舆论的天平开始向新媒体方向倾斜。新媒体意味着更为直接的信息发布流程，显著缩短信息核实和编辑过程。这增强了信息原创者的权利，也使得一些未经核实的信息可能会被仓促发布。有观察人士认为，新媒体的崛起将意味着舆论场中充斥着各类“软新闻”，纯粹包含事实的“硬新闻”将不断减少。这些“软新闻”中包含更多的情感因素，更容易与算法和其他信息形式相结合。

另一方面，人工智能的介入对舆论生态带来了正反两方面的作用，其总体影响仍有待观察。当前，人工智能算法对舆论的负面效应较为明显。例如，人工智能加剧了舆论的碎片化、极端化，削弱了不同群体沟通交流的意愿，更难以形成客观理性的舆论声音。人工智能也容易被用于制造虚假信息。“深度伪造”的虚假信息与夹杂真实细节的阴谋论相结合的新型谣言令多数民众难以分辨，一些谣言甚至可以流传许久。人工智能也加剧了正面宣传信息的娱乐化、戏谑化，一些严肃内容被多次解构后很容易成为“低级红”。然而，人工智能对于舆论生态的正面效应还有待开发。在用于制造虚假信息的同时，人工智能同样可被用于快速鉴别虚假信息、净化舆论，还可被用于进行更有效的信息筛选和过滤，过滤掉虚假信息和垃圾信息，提高信息的质量和可信度，以及通过多方比对、发现修改痕迹等方式快速鉴别虚假信息。

社交媒体成为最具决定性的舆论场

2010 年以来，社交媒体在新一轮互联网革命中扮演了重要角色，给经济价值、社会文化、业态模式带来了一场革命。社交媒体技术在 21 世纪初即已出现。最初，该技术主要服务于特定群体的社交需求，成为网络论坛的升级版。2004 年，脸书正式成立，社交媒体由此进入到快速普及时代。

近 10 年来，社交媒体出现了三次技术飞跃。第一次是脸书的成立，社交媒体成为了成熟的互联网平台。这一时期，数以亿计的互联网用户将自己的人际网络迁移到了社交媒体平台，形成了新的数字生活模式。第二次是油管、照片墙等新平台的成立。这些新的社交媒体应用以分享图片、视频等多媒体数字文件为主。这次技术进步带来了社交媒体的又一次信息爆炸，促进智能手机等信息终端的快速发展。抖音海外版同样属于这次技术飞跃的产物。社交媒体用户不仅向社交媒体平台迁移通信，而且开始主动分享自己的生活和数字创意。第三次是色拉布（Snapchat）等匿名、加密类社交媒体平台的出现。这些社交媒体平台具有通信加密、阅后即毁、匿名化等技术特征，其发展路径与传统的社交媒体有显著差别。此类平台多应用区块链、点对点通信等技术，在一定程度上是“暗网”等非主流网络技术和舆论生态在主流互联网社会中的延续。此类平台服务于特定人群的社交需求，其技术特征使得此类平台上的信息往往更加真假难辨、扑朔迷离，容易造成更大的社会影响。

社交媒体对社会文化和舆论带来了四个方面的显著影响。其一，社交媒体促进了用户间的信息传递。社交媒体带来了自媒体时代，即每个人都拥有向公众发声的机会。从社交媒体的发展看，每一次社交媒体的技术飞跃都给用户提供了新的发声渠道和发声方式，让用户可以利用数字创意和多媒体对传播内容进行创新，提升传播内容的质量。

其二，社交媒体加剧了舆论场中的部落化。社交媒体对于每个人传播能力的赋能也有其边际效应，即这一赋能仍然受到文化、价值观等意识形态因素的限制。这意味着社交媒体的信息传播效能对拥有类似价值观、世界观、文化背景、个人偏好的人群更加有效，在“圈子”内部能够引发更大共鸣。这种影响会让用户更多接收自身所处“圈子”内部的信息，外部信息处于非对等地位。

其三，社交媒体强化了舆论场和现实社会的互动。社交媒体的本质是对数字世界与现实空间的融合。一方面，用户将现实生活中的人际关系、生活、记忆、活动通过社交媒体迁移或同步到数字空间，使这些现实信息数字化并得以长久保存。另一方面，用户又通过社交媒体获取了大量来自其他用户和渠道的数字信息，这些数字信息给用户带来了深刻影响，使其建立了新的人际渠道，逐步改变和塑造了用户的社会认知。这种双向运动让社交媒体成为了社会的重要组成部分，也在改造社会和舆论的基本形态。任何重大的社会事件会不可避免地在社交媒体中形成巨大的舆论场，任何舆论场的重大事件也会不可避免地产生广泛社会影响。

其四，社交媒体加剧了舆论场内部的信息竞争。社交媒体产生的海量信息既带来了众多创意和有价值的信息，也引发了一场前所未有的信息爆炸。这场爆炸也引发了舆论场中一轮更为激烈的信息竞争。这种竞争不仅发生在用户与用户之间、媒体与媒体之间，也存在于不同类型、不同倾向、不同质量、不同情感表现的信息之中。同样一个信息可能在社交媒体中以截然不同的方式呈现，进而表现出截然不同的倾向和观点。在这些竞争中，更具感情色彩、观点鲜明、从多个维度论证统一结论的信息更容易脱颖而出。此类信息虽然容易成为社交媒体舆论场中的胜利者，但其中所包含的内容却普遍较为简单、片面，难以体现公众最为系统、全面的认知。

2021 年，元宇宙横空出世，被视为新增长点和下一个具有战略意义的竞争领域。此后，元宇宙的发展面临了一系列障碍，并没有像预期一样进入快车道。元宇宙具有诸多与社交媒体类似的特征，可被视为是社交媒体新的技术演进和业态发展方向，也体现出未来社交媒体对舆论的潜在影响。

元宇宙与当前社交媒体相比存在三个显著特征。一是“去中心化”。与现有互联网不同，元宇宙主要基于“去中心化”的区块链架构，即重要数据由区块链上的用户共同存储、相互验证。这一方式能够保障数据的安全和不可篡改性，也能避免少数科技巨头利用数据资源优势开展不公平竞争。除了区块链外，元宇宙的网络组织形式也多使用“去中心化”模式，例如“分散式自治组织”或成为元宇宙时代中最主流的商业组织形式，这一组织形式根据智能合约构成，能在没有人为管理行为条件下自动运行，避免了少数大股东秘密侵害小股东的风险。“去中心化”在一定程度上以技术的方式固定了诸多利益相关方的权利责任分配，但也增强了规则设计者的初始权利。这些初始的规则设计者普遍为技术精英，他们在元宇宙中的话语权将被提升。

二是融合现实。元宇宙与现实世界深度融合。这种融合既包括将现实用户、现实世界的数据上传到元宇宙中，使这些现实世界的元素以数字化的方式在元宇宙中呈现，也包括将元宇宙中虚拟形象、虚拟物品、虚拟财富投射到现实世界之中。深度融合将让用户难以区分虚拟与现实，建立一个二者高度融合的新世界。用户现有的财富、社交、身份等一切信息都将以一种深度融合的方式加以体现。

三是持续演变。与现有数字空间不同，元宇宙整体上是一个开放、不断搭建、不断迭代的空间。各个企业所搭建的元宇宙最终将通过区块链协议加以连接，现实世界与元宇宙的融合也会随着技术进步不断迭代。元宇宙中存在激烈的竞争，但用户的数字记忆将得到永存，这也使得元宇宙的迭代不是从头开始，而是在现有基础上持续演化。元宇宙的演变更近似于自然生态，形成了较长的发展周期。

元宇宙对于舆论领域的影响塑造亦来源于以上三个特点，产生了一些新的变化。

变化之一在于元宇宙中的舆论可能更加“去中心化”“去监

管化”。元宇宙体现出数字空间新的进化方向，即通过智能合约、算法等技术手段确定数字空间的基本规则，以“点对点”的“非中心化”方式构成社会组织。在这种新的组织架构中，规则和对于元宇宙的监管更多通过自动化方式完成，这些自动化方式较难快速调整，有意为用户留下较大的空间。政府、企业等机构虽然能够监控元宇宙的运行，但难以直接介入修改算法或合约，无法直接干预元宇宙内用户的行为。如果政府和机构强制介入修改合约，则将导致基于该合作组建的组织迅速解体，造成巨大的成本损失。

这种特征使得政府和监管部门难以直接介入元宇宙等新型数字空间的治理，更难以及时发现有害信息。与之相对，各类传播主体的权力和能量显著提升，能够以其他方式与监管机构周旋对抗，甚至从一些对抗中获利。事实上，虽然元宇宙当前尚未成形，但这种情况已经在现有的数字空间中有所体现。例如，当今互联网上出现了大量“去中心化”“匿名化”的社交网络软件，例如美国企业研发的“电报”“长毛象”等。这些新型社交网络具有与元宇宙类似的“去中心化”特征，传播有害信息难以被监管部门发现，后者也难以对信息进行全面管控。这些平台也成为网络黑灰产和网络色情交易的潜在平台。一些黑灰产与传播营销相捆绑，成为了将有害信息和舆论动员“资本化”的新方式。例如，在与元宇宙相关的“非同质化代币”（NFT）平台 OpenSea

上即出现了大量反动势力发布的具有政治安全危害的所谓“区块链数字艺术品”。这些人利用此类“艺术品”为其危害政治安全的行为募资，进而造成更大影响。随着元宇宙相关技术的发展，这一新趋势将变得更加明显，也可能带来更大的影响。

变化之二在于元宇宙的舆论可能带来更大社会实际影响。元宇宙的深入融合现实不仅增加了用户对于数字空间的体验感和沉浸感，也可能从根本上改变用户对于信息和现实世界的基本认知。对于人类而言，数字空间是最近 20 年刚刚普及的新鲜事物，其影响仍未充分显现。当前，数字空间的信息与现实世界有两个显著区别。首先是数字空间的信息主要通过视觉来让用户接收，而现实世界的信息则通过多种感官共同接收，包括视觉、听觉、触觉、嗅觉等。这使得用户能够较为清晰地分清数字空间和现实空间的信息。其次是数字空间的信息反馈有较长延迟，人们从发出指令到得到数字空间的反馈往往需要一个过程。但是在现实世界，外界信息的延迟却很短，人们会立刻得到信息的反馈效果。这也让人们容易区分现实世界的互动对象与数字空间的虚拟人。然而，这两点差异在更强调多感官体验、显著缩短延迟的元宇宙中不再存在。当前，元宇宙的开发者们普遍将如何提供与现实世界近似体验的数字设备作为主要研发目标，体感衣、数字香水等新型产品或在未来不久问世。一旦这些数字创新产品投入大规模应用，数字空间与现实空间信息的差异将变得十分模糊，甚至难以分辨。

用户无法清晰识别数字空间与现实空间的信息将显著扩大数字创意的创新空间，使其为用户提供众多现实世界难以体验的虚拟场景，通过各种体验来满足用户的各类需求。同时，这些新体验也会让用户增加对元宇宙的依赖，加深数字成瘾的几率。元宇宙中的创新绝大多数以信息的方式呈现，这意味着用户将受到更多数字空间信息的影响，甚至被这些数字信息塑造其认知和行为方式。这些数字空间信息可能更为直接地激发用户的特定情绪和现实行为，从而让舆论事件更容易转化为人们在现实生活中的行为和选择。有研究表明，美国校园枪击案的年轻作案者中有很多受到“第一人称射击游戏”的影响，这类游戏增加了这部分人群的激进性。元宇宙也可能产生类似的效果。这意味着在元宇宙时代，一些舆论事件如果处理不当，很容易演变为现实冲突，人们也将更多依赖于在元宇宙中形成的思维模式和行为方式来处理现实社会互动。

变化之三在于元宇宙的舆论可能更难以被控制。世界各国政府和执法机构对舆论的控制基本都基于类似理念，即通过对舆论全过程的控制减少有害信息带来的社会危害。首先，监管者将多数精力放在“源头管理”，即识别和处理有害信息的发布者，限制其发布信息的渠道，从而减少有害信息的传播数量。西方政府联合社交媒体对恐怖组织采取“封号”处理，甚至可通过制裁来剥夺其网络域名的使用权。其次，监管者将尽量限制用户对有害信息的转发，如对有害信息进行“限流”“限转”“算法降级”等，通过这一手段在不破坏整体传播渠道便利性的同时限制有害信息的传播，试图达到对有害信息进行精准“杀毒”的效果。最后，监管者将使用限制有害信息发布者及有害信息的反馈机制。例如，监管者可通过技术手段限制对特定信息的评论、限制特定用户的网络互动功能等。这些做法将阻碍有害信息从制造、传播到反馈形成完整的传播链条，使其热度显著下降，难以形成舆论热点。

但是，在元宇宙时代，这些传统的控制方式不再奏效。一方面，元宇宙中的信息更难以被控制或消除。元宇宙采用区块链技术，强调对于数据的永久保护及无法篡改，这意味着信息一旦生成即难以在外部干涉下被湮灭。元宇宙的管理者无法像以往一样删除特定信息，其权限受到技术和用户的限制。元宇宙中的传播者同样如此。由于信息难以湮灭，传播者和信息本身的界限变得模糊，在区块链中，传播者成为了信息的一部分，也受到技术保护。这使得监管者如果想通过强制方式消除某个信息，即需要对该元宇宙社群所依托的区块链发起整体攻击。这种措施的成本巨大，需要通过更为先进的技术途径加以解决。

另一方面，元宇宙中的传播和反馈机制更加多元，监管者难以准确斩断传播链条。元宇宙的网络架构更加复杂，信息一旦被创造后即以多种方式、多种渠道、多种主体进行传播，并且会不断变换信息的传播内容和载体。例如，元宇宙中信息传播既有传统的人传人，也包含机传人、人传机、机传机等，以人工智能为驱动的计算机和虚拟人成为加速传播的另一类主体。一些敏感信息容易在短时间内迅速渗透，达到传播峰值。监管难以达到与之匹配的速度。信息在传播过程中还会被不断加工和转化，例如从文字信息转化为图片信息、音频信息、视频信息等，随着未来元宇宙其他创新产品的出现，甚至可能转化为嗅觉、触觉等新型信息类型。监管部门难以对如此繁多的信息进行统一管理。传播和反馈机制的多元化将导致监管无法跟上信息创新变换的节奏，基本只能起到亡羊补牢的效果。

上述变化使得元宇宙时代的社交媒体舆论将出现新的竞争和争夺。这种争夺主要体现在两个层面。其一，西方发达国家科技巨头与发展中国家传媒的争夺将日趋明显。元宇宙概念由美西方发达国家科技巨头发起。这一新业态主要依托于这些科技巨头现有的产业和科技创新布局，这些企业或在未来元宇宙发展中占据先机。元宇宙的技术特征使得规则和标准对其中舆论内容的影响更加明显，这些规则和标准不仅保障信息在这一空间中的传输，也会影响该空间信息的储存留存、权威性重要性次序及信息内容的构成方式。这些要素是一个空间领域内舆论信息的四梁八柱。西方企业所设计的元宇宙规则将塑造未来这一数字空间中的舆论生态，其中一些规则或包含西方价值观和意识形态因素，会对其他国家舆论带来潜移默化的影响。

其二，主流舆论与非主流舆论的竞争。元宇宙的架构设计更有利于用户、非政府组织、创意者等不隶属于政府和企业的角色发声，政府、官方媒体、主流媒体不再享有媒介和渠道上的优先权与权威性。这种变化使得元宇宙中的舆论竞争不再是不同传播主体之间的竞争，而是代表不同价值观、不同政治目的的声音之间的竞争。在这种竞争中，主流舆论和非主流舆论的竞争将更加突出。

元宇宙时代，主流舆论的“中心化”运作方式与“去中心化”的元宇宙架构存在冲突。如果主流舆论无法适应这一变化，非主流舆论可能首次在元宇宙中占据渠道和媒介上风，对主流舆论构成严峻冲击。这种非主流舆论对主流舆论的挑战将在各国普遍上演，给各国舆论治理带来重大挑战。如果各国政府无法适应这一新变化，将逐步丧失舆论的主导权，成为舆论场中的“少数派”。

参考文献

1 翟尤等:《AIGC 未来已来：迈向通用人工智能时代》，人民邮电出版社 2023 年版。

2 [美] 戴维·温伯格著，刘丽艳译：《混沌：技术、复杂性和互联网的未来》，中信出版集团 2022 年版。

3 Arthur I. Miller, "The Artist in the Machine: The World of AI-Powered Creativity", The MIT Press, 2019.

4 Cathy O'Neil, "Weapons of Math Destruction: How Big Data Increases Inequality and Threatens Democracy", Crown, 2017.

9

第九章

以舆论之正护国家安全

从上述舆论与国家安全关系的论述中可以看出，舆论与国家安全相互交织，又互为促进。一个国家的舆论团结安定，将减少该国出现由舆论风波引发社会动荡的几率。一国还可利用舆论上的战略自信和策略设计，运用舆论服务其国家战略，塑造对其有利的国际环境。

在这种复杂局面下，我们既不应“恐舆”，也不能“纵舆”，更不能“弃舆”，而是应该以更加积极主动的战略思维和全球视野，充分认识舆论斗争的复杂性、长期性和规律性，发挥和运用好新科技、新手段、新平台，引导、适应以及开拓好未来时代的舆论及舆论斗争环境，为维护和塑造国家安全态势，为建设中国式现代化、护航中华民族伟大复兴的中国梦发挥不可替代的特殊作用。

坚持总体国家安全观，舆论之正关乎国家安全

莫道黎庶微末，载舟亦可覆舟。舆论，这种悠悠众口之中的民情民意流露，往往成为一个时代、一个民族、一个国家兴亡走向的风向标。换句话说，就是我们常讲的“气象”。每一个国家、每一个时代，都有一种独特气质的气象。这种气象，就集中体现在舆论状态之中。健康、积极、向上的舆论，就表现出强烈的以全社会的正气维护国家安全的意愿与动力。由此而展示出的万众一心、众志成城的态势就是整个国家气象万千、正风习习的表征，也就是我们所说的舆论之正。所谓舆论之正，就是从舆论中所反映出的正气，或可称之为正态的舆论。

国家的昌盛，必然伴随着舆论的正态。煌煌大唐，盛世欢歌。那是一个开放包容的舆论时代，每个人的个性充分舒展，而又高度向心，全社会的舆论积极向上、向善向美。是盛唐成就了这样的舆论正态，也恰是这样的舆论正态成就了煌煌盛唐气象。一直到今天，我们中国人骨子里还是流淌着盛唐时“慨然抚长剑，济世岂邀名”“昔乘匹马去，今驱万乘来”那样气派的家国情怀。中国人的舆论之正也就这样凝集在一代代人的骨子里，传

承为维护国家安全的天生使命。

反之，不健康的舆论状态，也往往隐约昭示了国家的衰亡。不仅万马齐喑，必是危亡之时，就连舆论不正，也是亡国之相。“隔江犹唱”之叹，“道路以目”之悲，都反映出各种极端舆论不正的畸形政治和社会生态。罗马之奢，日薄西山，更为我们展现了一种极端典型的世风日下、人心不古，骄奢淫逸、不可为继的舆论状态。离我们更近、体会更加切身的资本主义社会的每次经济危机，都是被舆论中蔓延的恐慌情绪触发的。而其先导，都是畸形的舆论所引发的群体非理性行为。最早在法国波旁王朝出现的投资殖民股权的狂潮，就是因为舆论震荡引发挤兑浪潮，最终导致了波旁王朝的覆亡。

太多的过往让我们清楚地看到，舆论不正，便阴雨晦风交相呼应，民众浸淫其中，必成乌合之众。没有了舆论的正态，就无法维持整个政治体系和社会秩序的持续向好发展，国家也随之“樯橹灰飞烟灭”。断壁残垣只供今人凭吊，折戟沉沙也只留后人慨叹，盛世荣光就只停留在了历史的想象之中。“不见五陵豪杰墓”，真正的悲情之世，就承继在这样不正的舆论之后，留下支离破碎的遗恨。

中国人是有极强家国情怀的人民，总是希望家好国好、天下安宁，海晏河清、宇内承平。中国的舆论总是处于一种守正的聚拢状态，无论怎样波动，最终都会凝聚在一种正气的稳态，回归到一种向心、向上、向好的原状态。这深深源自我们这样一个民族、一种文明内生的舆论向心力。在我们的文化基因中，没有极端暴力，没有独霸唯我，没有阴谋觊觎，没有蚕食鲸吞。“得其地不足以供给，得其民不足以使令。若其自不揣量，来扰我边，则彼为不祥。彼既不为中国患，而我兴兵轻伐，亦不祥也。吾恐后世子孙，倚中国富强，贪一时战功，无故兴兵，致伤人命，切记不可。”我们的舆论主体，总是处在一种安宁、包容、和谐、向上的基本韵律之中。这种文明积淀所呈现的舆论稳态也构成了我们在新时代、新征程中，在未来的伟大事业中，维护和塑造国家安全的强劲底气和雄浑伟力。

做好舆论工作，切实维护和塑造国家安全，要有先进的思想指引。习近平新时代中国特色社会主义思想，尤其是总体国家安全观，为深刻理解舆论与国家安全的内在逻辑和运行规律，最终实现以舆论之正护国家安全提供了重要思想武器。

人，是马克思主义的出发点。从共产主义思想诞生之日起，人的自由与解放就是共产主义者的根本立场。习近平新时代中国特色社会主义思想更是体现出鲜明的“人民至上”理念。这种共产主义者和无产阶级政党所特别拥有的、极其鲜明的、无比坚定的人民立场，正是处理舆论与国家安全关系的根本所在。特别是总体国家安全观，为舆论与国家安全提出了全新的思想框架和更高水平的理论指引。

以人民安全为宗旨，以政治安全为根本，这二者之间的关联，就在于舆论。“凡广耳目，不偏听，所以防壅蔽而通下情也。……其言当理，即付所司施行；诸衙门毋得阻滞，违者即同奸论。”上达天听，下承百姓，悠悠人心，就在舆论。解决好“天听”与“民意”的问题，久久为功地蕴含在中华传统文化之中。这种向下直接联系到个体意识、向上影响到国家安全的特殊纵向深度关联，让舆论与国家安全之间产生极其微妙的特殊政治关联。

2020 年 3 月 10 日，习近平总书记亲自赴武汉考察新冠疫情防控时，以深厚的人民情怀指出：“湖北和武汉等疫情严重地方的群众自我隔离了这么长时间，有些情绪宣泄，要理解、宽容、包容，继续加大各方面工作力度。”习近平总书记还指出，“武汉人喜欢吃活鱼，在条件允许的情况下要多组织供应”。“有些情绪要宣泄”和为武汉人民多供应些活鱼，这是何等的包容开明，何等的宽爱呵护。允许人民说话，呼应人民需求，就是在政治安全与人民安全之间，做到高水平的运筹、高层次的治理和高等级的引导。

这种思想指引，深深植根于中国共产党人的红色血脉之中。老一辈中国共产党人，就是创造和维护这种舆论状态的顶级专家，也因此建立起了受到广泛赞誉和学习的“模范”政权。共产党人“要真正把问题敞开，让群众讲话，哪怕是骂自己的话，也要让人家讲”。共产党人所追求的，就是“又有统一意志、又有个人心情舒畅、生动活泼，那样一种政治局面”。这种从“让人讲话”到“生动活泼”的局面，反映出这样一种先进政权在政治安全与舆论之间所选择的杰出立场。

1940 年前后，陕北从一片西北荒凉之境迅速成为全国抗日救国热土，涌入了大量抗日救国的热血青年。粮棉油布一应物资都快速出现紧缺现象，军民之间矛盾纠纷不断攀高。毛泽东等同志长期深入群众，敏锐察觉到舆论的风向，迅速作出重大决策，开启了织棉纺布、开荒屯耕的大生产运动，涌现出了一批可歌可泣的鱼水故事。这样的舆论之正对维护政权安全发挥了历史罕见的伟力。到胡宗南进犯延安，中共中央转战陕北之时，据习仲勋同志深情回忆，出现了共产党部队所到之处，陕北民众以青苗饷军的感人事迹。人民群众宁可一年颗粒无收，冒着饥馑冻馁的巨大风险，也要义无反顾地支持共产党，让部队吃饱。这是何等的可歌可泣。这样的舆论效果怎不令人深思感叹。舆论与国家安全，老一辈共产党人对这个命题的领悟与把握更是以启来者、以警后世。

邓小平在回顾这段历史时告诫后来的共产党人：“对群众的议论，毛泽东同志是非常注意的。同志们总记得，在延安的时候，生产运动是怎么搞起来的。为什么提倡生产运动呢？原因之一就是当时征粮征多了，群众有怨言。我们好多共产党员听了心里非常不舒服。毛泽东同志看法不同，他说，讲得有道理，群众的呼声嘛！毛泽东同志就是伟大，就是同我们不同，他善于从群众这样的议论当中，发现问题，提出解决问题的方针和政策。毛泽东同志一向非常注意群众的议论，群众的思想，群众的问题。”

新征程上既要维护舆论安全，又要讲好中国故事

中国人在历史的长河中，形成了独具正态特色的舆论内核，在中国共产党人的精神谱系中，进一步孕育出了正道的舆论观，在新时代的征程上，有习近平新时代中国特色社会主义思想，特别是总体国家安全观的强大指引。这种传承与创新都为我们处理好舆论与国家安全提供了不可多得的宝贵智慧。这是具有中国特色的舆论与国家安全思想，也是我们开展相关工作的强大武器。

新征程上，我们必将面临更多的“惊涛骇浪”，将伴生着大量的矛盾、竞争、危机，甚至冲突。在这些与波澜不惊的日常生活决然迥异的特殊时空情景中，处理好舆论与国家安全的关系更加困难，但却至关重要。怎样避免我们被迫遭遇的“惊涛骇浪”诱发舆论的又一波“飓风”“狂潮”，抵御在潜流中的“阴风”“邪祟”，不断弘扬正态的舆论，以舆论之正护国家安全，是在圆梦民族复兴的大船上共同奔赴的中国人所共同面临的宏大课题。

舆论本身就是极端复杂，蕴含着高度不确定性的。人类对于舆论内在规律的认识远没有对自然规律的认识充分。所谓“三人

成虎”“一千个哈姆雷特”正反映出这种人心叵测，个体的决策和行为是完全不可预测的基本社会现象。不止每个人日常基于自身喜好和判断的独立行为，实际上我们每个个体也无法在群体舆论中完全实现自我的理性控制。当人群聚集到一起之后，更会出现完全超出基本理性认识的群体性行为，这也就是法国著名社会心理学家勒庞所说的“乌合之众”。

然而，这两方面还不足以反应舆论的深度不确定性，当舆论的指向上升到国家与政权时，会出现更加不可预测的背离基本理性的形态。我们所熟知的“塔西佗陷阱”，也就是对公权力的高度质疑，成为影响舆论正常形态的更深层次原因。在个体、群体和指向国家这三个层面的复杂影响下，人类至今都无法应对舆论所反映出的如此严重的不确定性。

新的时代环境提出了更高的要求。总体国家安全观强调，我国国家安全的内涵和外延比历史上任何时候都要丰富，时空领域比历史上任何时候都要宽广，内外因素比历史上任何时候都要复杂。这为处理好舆论与国家安全的问题提出了更高水平的要求。“要立足国际秩序大变局来把握规律，立足防范风险的大前提来统筹，立足我国发展重要战略机遇期大背景来谋划。”这就是习近平新时代中国特色社会主义思想的“百年变局论”“历史机遇论”“发展风险论”。

这样的深邃思想，为处理舆论与国家安全的问题提供了全新的时代视野与方法论指导。以上述“新三论”为指导，必须认识到大变局对整个时代以及时代中的社会形态和每个个体的深刻影响，对于舆论问题就是要深刻理解时代之变造成的舆论之变，这是鲜明的前瞻性思维与底线思维；必须以防范化解风险的大前提来统筹做好各方面工作，对于舆论问题就是要关口前置，要治未病、防未然，这是极富特色的预见性治理思维；必须立足发展机遇来谋划工作，对于舆论问题就是要充分认识到人的历史伟力，引导和组织人民群众在历史机遇中用舆论之正领风气之新，进而创造时代伟绩。

毫无疑问，处理好舆论与国家安全的问题，不是中国人自己的课题。全新时空条件下的舆论治理已经成为人类全新的难题。而这种困难的关键，不仅体现在文化多元化、经济全球化、信息孤岛化等复杂趋势下的舆论管控、引导和治理上面。更关键的是在危机频发的大变局时代中，如何在极端情况下处理好危机“骇浪”叠加舆论“狂潮”的问题。

危机中的舆论应对，断不可用常规观念、日常手段来处理。一旦进入失序状态，每个个体的信息知悉欲望就会陡然上升。在舆论的阵地上，正确的信息不去及时占领，就一定会被谣言所占据。任何一个信息空白的社会群体，必然会滋生毫无根源的狐疑与猜忌，给别有用心的谣言和虚假信息制造温床与茧房。很多情况下，即使公权力部门想方设法扩大理性声音，依然无法消解社会既有矛盾催生的阴谋论。尤其是在科技手段加持下，信息通道被严重侵蚀，回归传统信息流向变得越发困难。权威信息的传统引导力很容易被消磨殆尽，阴谋与危言必然大行其道，迫使形势每况愈下。

面向未来更加多元、碎片化的社会舆论，以及更加分化和科技加持的人群，舆论治理将成为未来维护国家安全的关键。这就要求我们必须尽快转变舆论治理的思维方式。传统的公权力过分自信于硬实力，而社会多元化进一步恶化了这种权力相对集中的高级政治形态的治理。俯下身子，"随时准备挨骂"，就蕴含着这样超强的预见性。也就是面对舆论这样的，对传统权力秩序不完全适用的低级政治问题，不能再用高级政治的治理方式来对待。

尤其重要的是，我们必须重视舆论对危机中的衍生因素的发展，防止发生舆论危机的"次生灾害"。很多情况下，我们搞混了原生性动因与次生性动因。"并非危害事件本身引发了国际上的负面基层舆论，而是在应对危害事件时的政府危机管理表现对中国国家形象产生了最为严重的影响。"换句话说，很多情况下的负面舆论并不是针对事件本身，而是针对我们在应对这些危机事件时的表现。比如，有没有及时有效地消除风险，有没有开诚布公地承认失误，有没有负责任地担起后续职责。

要降低特殊情况下舆论的不利影响，至关重要的是进行预防性的舆论介入，将沟通手段尽可能前置，尽可能消除引起舆论

“旋涡”的可能因素。必须在社会出现舆论风波前，或者发生的最初阶段，就及时介入，避免演化为群体性的非理性行为。这时候，必须要依靠足够的信息传递，以一种植根于共情、诚实和开放的危机沟通方式，采用“低政治”思路，将积极正面的信息传导给每个个体。同时，依靠沟通加大对虚假信息的抵制。

中国共产党人不仅不怕被老百姓“骂”，也从来不怕被外国人“骂”，甚至于以坦荡的胸怀自陈“是被人家骂惯了的”。这为我们今天处理好外部舆论与讲好中国故事奠定了无比珍贵的思想基础。

毛泽东明确提出了要区分好内部舆论与外部舆论，也就是对人民群众的舆论，“要随时准备挨骂”，而对外部舆论，则要进行历史的、辩证的分析。一方面，先进的、正义的事物总是会被守旧的事物所攻击，“自古以来，没有先进的东西一开始就受欢迎，它总是要挨骂”，而且这种攻击会是长期的、持续的，不以我们的意志为转移的，“我们已经被它骂了几十年，还准备让它再骂几十年”。另一方面，要以更加辩证的、更加唯物主义的，尤其是以更加革命乐观主义的态度，来看待外部舆论。“帝国主义骂我们，证明它没有办法”，他们越是提高反华调门，就越是会“搬起石头打到他们自己的脚上，即是说，在百分之九十以上的善良人民面前，暴露了他们自己的丑恶面目”。

这是何等的金玉良言！制造舆论、推波助澜，看似穷凶极恶，却是极端虚弱无力的表现。当敌人有本事“抵壁焚翠、销剑隳城”的时候，他们根本不会认认真真地在舆论上下功夫。换言之，挨“骂”正是一种强大，是一种让敌人无可奈何，只好做些宵小功夫的全面占优态势。

对外部舆论的承受能力，反映出一个国家、一个民族的成熟程度。只有内心不够强大的人，才会惶惶不可终日，担心别人指指点点。而中国人，是担得起外部舆论风波的，甚至担得起任何“惊涛骇浪”。邓小平就说过这样一段底气雄浑的话，放在今天的大变局时代来看，更觉得意义非凡：“美国也好，法国也好，他们的决策人至少有两点对中国认识不清。第一，中华人民共和国是打了二十二年仗建立起来的，建国后又进行了三年抗美援朝战争。没有广泛的群众基础，不可能取得胜利。这样一个国家随便就能打倒了？不可能。不但国内没有人有这个本领，国际上也没有人有这个本领，超级大国、富国都没有这个本领。第二，世界上最不怕孤立、最不怕封锁、最不怕制裁的就是中国。建国以后，我们处于被孤立、被封锁、被制裁的地位有几十年之久。但归根结底，没有损害我们多少。为什么？因为中国块头这么大，人口这么多，中国共产党有志气，中国人民有志气。还可以加上一点，外国的侵略、威胁，会激发起中国人民团结、爱国、爱社会主义、爱共产党的热情，同时也使我们更清醒。所以，外国的侵略、威胁这一套，在我们看来并不高明，而且使我们可以从中得到益处。”

中国共产党领导下的中国人民，从来不害怕舆论，从来不担心孤立，从来不畏惧欺凌，外部舆论只可能使我们更团结、更努力、更进步。在中国不断发展的道路上，必然伴随着“惊涛骇浪”。这其中，也必然有大量的外部舆论所制造的消极影响。从中国人站起来的那一天，我们就清楚这样的局面，也深刻地明白它背后的逻辑，以及那些推波助澜的力量。中国人一往无前地团结在一起，奋进在新时代的新征程上，向着中国式现代化的美好明天进发，向着实现伟大的中国梦行军。我们尽我们所能，运用一切能力与智慧，“讲好中国故事”，把最美好的中国告诉世界。我们从不强迫别人聆听，也不乞求别人感动。我们走我们的路，讲我们的故事，乘兴而往，一蓑烟雨。

从中国式现代化追求更高境界的舆论安全

中国式现代化的崇高追求，深刻蕴含了面对舆论与国家安全问题的中国特色社会主义思想体系和治理理念。党的二十大指出:“从现在起，中国共产党的中心任务就是团结带领全国各族人民全面建成社会主义现代化强国、实现第二个百年奋斗目标，以中国式现代化全面推进中华民族伟大复兴。”上述要求，首先明确了未来的三十年，就是集中精力建设中国式现代化的三十年。

而建设中国式现代化要“进行顶层设计，需要深刻洞察世界发展大势，准确把握人民群众的共同愿望，深入探索经济社会发展规律，使制定的规划和政策体系体现时代性、把握规律性、富于创造性”。

洞察大势、探索规律，必须与把握人民群众的共同愿望相协调，只有这样，才能制定体现时代性、把握规律性、富于创造性的规划和政策体系。把握人民群众的共同愿望就是在未来三十年建设中国式现代化的进程中，把握和体察舆论，用共同愿望维护好国家安全，从而统筹好发展和安全，推动高质量发展。

“中国式现代化是人口规模巨大的现代化、是全体人民共同富裕的现代化、是物质文明和精神文明相协调的现代化、是人与自然和谐共生的现代化、是走和平发展道路的现代化。”中国式现代化的科学内涵，就体现在上述五个方面的中国特色之中。这种中国特色的科学内涵深刻阐释了习近平新时代中国特色社会主义理论对舆论与国家安全这一命题的指导原则，反映出中国特色舆论观与国家安全理念的基本特质。

第一，建设中国式现代化，是建设面向巨大规模人民的，必然要代表最广泛利益的，而不只是让少数群体富裕的现代化；必然要面临最广泛的基层舆论检验，承受最普遍的舆论。与西方的现代化不同，中国式现代化不可能只代表少数既得利益集团的利益，只让有钱人“说话”，而让广大人民群众“失声”。

要建立惠及巨大规模人民的中国式现代化，就必然倾听巨大规模人民的舆论，响应巨大规模人民的利益诉求，呼应巨大规模人民的普遍关切，提升巨大规模人民的根本福祉。舆论在建设中国式现代化的进程中，自然要发挥重要的基础性作用，成为在党的领导下，决定中国式现代化发展方向的一个基本要素。

第二，建设中国式现代化，是建设实现全体人民共同富裕的现代化。贫富差距悬殊，不是中国式现代化；存在贫困、剥削、为富不仁，都不是中国式现代化。要实现全体人民的共同富裕，就必须不断统筹平衡，既提高生产效率，又推进社会公平正义。在此过程中，就必然伴随着利益的再分配，也就不可避免地要解决舆论的分歧。而这种分歧，往往存在不对称的现象。一方面，既得利益一方，必然是舆论的主导方，运用各种社会资源对舆论形成引导作用。而另一方面，则是相对弱势的群体，拥有更广泛的人群基础，却不具备与既得利益方相匹配的舆论能力与渠道。在此情况下，很容易出现舆论失衡的现象，误导人们对舆论的观察和倾听。

要建设全体人民共同富裕的中国式现代化，就必须解决全世界各国都面临的舆论失衡的普遍问题，既重视"强舆论"一方的意见观点，也采取更多主动举措、特殊措施，采集和疏导"弱舆论"一方的利益诉求。更好地运用好舆论工具，推进既要效率又要同步的共同富裕进程，确保中国式现代化既稳且近。

第三，建设中国式现代化，是建设物质文明和精神文明相协调的现代化，就必然要引导和教育广大群众积极向好、营造良好的舆论氛围，而不是建设物欲横流、世风日下的现代化。建设中国式现代化，必然伴随着物质文明的不断丰富、持续向好。纵览古今、遍看寰宇，物质文明的极大丰富都很容易伴随着精神文明的迅速堕落。从罗马帝国到西班牙王朝，从盛极而衰到偏安犹唱，无不反映出这种全社会富足安逸造成的文明衰退现象。而中国式现代化，要推动物质文明和精神文明协调共进，就必然要在舆论上着力引导。以欧美等国家和地区为代表的高福利社会、发达经济体出现的一系列社会畸形化现象，都警示我们奇闻怪癖会伴随着社会发展不断滋生。

要建设物质文明和精神文明相协调的中国式现代化，就必须用积极向上、团结奋进的伟大精神谱系滋养社会舆论；必须用万众一心、共同奔赴的精神内核净化社会舆论；必须用英雄模范、平凡伟绩廓清社会舆论。走出一条与西方现代化完全不同的中国式现代化道路，就必须有这样的决心，自始而终、从下到上营造适应中国发展需要的正态舆论环境，为构建新发展格局奠定良好的环境基础。

第四，建设中国式现代化，是建设人与自然和谐共生的现代化，就必然维护和保障人民群众与自然环境之间的长期可持续关系。人类无数的发展案例表明，现代化大发展很容易走向自然环境的对立面，最终出现民怨沸腾、穷山恶水的现代化局面，也自然归宿于后力不足、不可持续的昙花一现式现代化局面。打造青山绿水，实现供给侧结构性改革，推进创新驱动的发展战略，都必须深化融入最基层舆情的考察视角。要永享安宁，就必须建设人与自然和谐共生的现代化。这就必须建立一种更长历史周期的舆论观。就是既要让当代人活得滋润，又要让子孙后代活得更好。欧阳修在修改自己文章时讲:“不怕先生骂，却怕后生笑。”

建设人与自然和谐共生的中国式现代化，就是要既考虑到当代人的舆论，又要“听得到”未来人的舆论；既要让今天“笑”，又不能让后来人“骂”。这种舆论观穿越时空，是一种具有中国特色的更具历史纵深感的舆论观。这将对推进中国式现代化发挥重要的潜在影响。

第五，建设中国式现代化，是建设走和平发展道路的现代化，就必然要构建人类命运共同体，建设让全人类受益的中国式现代化。西方的现代化，创造了人类最黑暗的奴隶制时代，出现了多次整个民族、全部文明毁灭的人间悲剧，发动了不可胜数的战争与冲突，以及引发了瘟疫、贫穷和灾害，是一种以邻为壑、草菅人命的现代化。这些黑历史世代流传在整个发展中国家世界的舆论当中，成为很多民族骨髓里流淌的黑暗记忆，将永远不会被抹去。

建设走和平发展道路的中国式现代化，必然要走一条与全人类舆论和谐共生的现代化新道路。不可避免地在各种势力的诱导下，未来仍然会不断出现对中国的消极舆论。但中国走和平发展道路，推动合作共赢、以诚相待、亲诚惠容的长期对外交往原则，必然构建起积极向好的涉华舆论底色，在一片喧嚷中，维持这种纯净的底色和正道的气质，就是在新时代、新征程上立足中国、放眼世界的底气所在。

面向光明未来，中国的舆论与国家安全必将走出一条正向的新路，必将实现全社会正态舆论的良好环境，必将形成以舆论之正维护国家安全的积极形势，也必将成为护航中华民族伟大复兴、实现中国式现代化的雄壮伟力！

参 考 文 献

1　习近平:《中国式现代化是强国建设、民族复兴的康庄大道》,《求是》2023 年第 16 期。

2　中共中央宣传部、中央国家安全委员会办公室编:《总体国家安全观学习纲要》,学习出版社、人民出版社 2022 年版。

3　《毛泽东选集》第 3 卷,人民出版社 1991 年版。

4　《邓小平文选》第 2 卷,人民出版社 1994 年版。

5　郭德宏等主编:《党和国家重大决策的历程》,红旗出版社 1997 年版。

6　全国干部培训教材编审指导委员会办公室组织编写:《学习贯彻新时代中国特色社会主义思想　打赢新冠肺炎疫情防控人民战争总体战阻击战案例》,党建读物出版社 2021 年版。

7　金菁:《钱的千年兴衰史:稀释和保卫财富之战》,中国人民大学出版社 2020 年版。

8　杨霄:《下一场危机》,中共中央党校出版社 2022 年版。

9　[法] 古斯塔夫·勒庞著,冯克利译:《乌合之众——大众心理研究》,广西师范大学出版社 2007 年版。

图书在版编目（CIP）数据

舆论与国家安全 / 总体国家安全观研究中心，中国现代国际关系研究院著 . -- 北京 : 时事出版社，2025. 4. --（总体国家安全观系列丛书）. -- ISBN 978-7-5195-0574-5

Ⅰ. C912.63；D631

中国国家版本馆 CIP 数据核字第 2025H58S28 号

出版发行：时事出版社
地　　址：北京市海淀区彰化路 138 号西荣阁 B 座 G2 层
邮　　编：100097
发行热线：（010）88869831　88869832
传　　真：（010）88869875
电子邮箱：shishichubanshe@sina.com
印　　刷：北京良义印刷科技有限公司

开本：787 × 1092　1/16　印张：19.75　字数：195 千字
2025 年 4 月第 1 版　2025 年 4 月第 1 次印刷
定价：85.00 元